U0536052

图文古人游记

皇清职贡图

[清] 傅恒等 ◎ 编
臧长风 ◎ 译注

人民东方出版传媒
People's Oriental Publishing & Media
东方出版社
The Oriental Press

图书在版编目（CIP）数据

皇清职贡图 /（清）傅恒 等 编；臧长风 译注 . — 北京：东方出版社 ,2024.7
ISBN 978-7-5207-3259-8

Ⅰ . ①皇… Ⅱ . ①傅… ②臧… Ⅲ . ①少数民族 – 民族历史 – 研究 – 中国 – 清代
Ⅳ . ① K280.049

中国国家版本馆 CIP 数据核字（2024）第 013362 号

皇清职贡图
（HUANG QING ZHI GONG TU）

作　　者：	（清）傅恒 等
译　　注：	臧长风
责任编辑：	邢　远
出　　版：	东方出版社
发　　行：	人民东方出版传媒有限公司
地　　址：	北京市东城区朝阳门内大街 166 号
邮　　编：	100010
印　　刷：	三河市同力彩印有限公司
版　　次：	2024 年 7 月第 1 版
印　　次：	2024 年 7 月第 1 次印刷
开　　本：	650 毫米 ×920 毫米 1/16
印　　张：	18
字　　数：	200 千字
书　　号：	ISBN 978-7-5207-3259-8
定　　价：	88.00 元

发行电话：（010）85924663　85924644　85924641

版权所有，违者必究
如有印装质量问题，我社负责调换，请拨打电话：（010）85924602　85924603

总序

中国文化是一个大故事,是中国历史上的大故事,是人类文化史上的大故事。

谁要是从宏观上讲这个大故事,他会讲解中国文化的源远流长,讲解它的古老性和长度;他会讲解中国文化的不断再生性和高度创造性,讲解它的高度和深度;他更会讲解中国文化的多元性和包容性,讲解它的宽度和丰富性。

讲解中国文化大故事的方式,多种多样,有中国文化通史,也有分门别类的中国文化史。这一类的书很多,想必大家都看到过。

现在呈现给读者的这一大套书,叫作"图文中国文化系列丛书"。这套书的最大特点,是有文有图,图文并茂;既精心用优美的文字讲中国文化,又慧眼用精美图像、图画直观中国文化。两者相得益彰,相映生辉。静心阅览这套书,既是读书,又是欣赏绘画。欣赏来自海内外二百余家图书馆、博物馆和艺术馆的图像和图画。

"图文中国文化系列丛书"广泛涵盖了历史上中国文化的各个方面，共有十六个系列：图文古人生活、图文中华美学、图文古人游记、图文中华史学、图文古代名人、图文诸子百家、图文中国哲学、图文传统智慧、图文国学启蒙、图文古代兵书、图文中华医道、图文中华养生、图文古典小说、图文古典诗赋、图文笔记小品、图文评书传奇，全景式地展示中国文化之意境，中国文化之真境，中国文化之善境，中国文化之美境。

这是一套中国文化的大书，又是一套人人可以轻松阅读的经典。

期待爱好中国文化的读者，能从这套"图文中国文化系列丛书"中获得丰富的知识、深层的智慧和审美的愉悦。

王中江

2023 年 7 月 10 日

前言

乾隆十六年（1751年），乾隆皇帝下诏，命有司官员描绘清朝管辖境内及与清朝有外交往来国家各民族人画像，并加叙述，彰显"四夷宾服""万国来朝"的盛世气象。至乾隆二十八年（1763年），诏命完成，共九卷，刊刻成书，是为《皇清职贡图》。

《皇清职贡图》由傅恒、董诰等编纂，门庆安等绘图。全书按地区编排，卷一为域外，包含朝鲜、日本等地区国家；其余八卷多为境内少数民族，其中卷二为西藏、伊犁等地区；卷三为关东、福建等地区；卷四为广东、广西地区；卷五为甘肃地区；卷六为四川地区；卷七为云南地区；卷八为贵州地区；卷九为乾隆二十八年增补绘图。全书共有绘图三百种，每一种都绘有男、女二幅，共计约六百幅图，观图可了解当时部分外国人、境内部分少数民族的男女样貌、服饰装扮等。每幅图还附有浅显易懂的文字题记，简要说明了其分布地区、历史沿革、服饰饮食、社会生产及向清政府贡赋与交往等情况。

作为一部清王朝官修的风土地理类著作，《皇清职贡图》对于我们今天解读当时的史实情况具有重要参考价值。如从卷一部分不难看出，清王朝仍然沿袭中国历代以来的世界观，即以中国为正统，以夷夏区别野蛮与文明，骨子里透露出一种强烈的自信。如介绍朝鲜时，有"汉末扶余人高姓据其地，改国号高句骊，亦称高丽"，重在强调朝鲜政权承袭中国的观点。以后世之见观之，清王朝对周边朝鲜、日本、安南、暹罗、缅甸、文莱、南掌、苏禄、吕宋等国，至乾隆一朝还能勉强维持这种宗主、附属的朝贡关系。但对大洋彼岸，正处在近现代文明崛起阶段的西方国家来说，这样设想不免有点可笑。清王朝虽然能意识到另外一个世界的存在值得称赞，可是，在记载中多处出现谬误，又不免表明清王朝闭关锁国政策造成的后果何其不堪。如把"大西洋国"当成是欧洲的称呼，明显是不知道其与"古里、琐里、忽鲁谟斯"等印度洋沿岸"番邦"的区别；如把英国当成荷兰的附属国；如用"教化""治世"二王来指称教皇和国王。这些都透露出清王朝对欧洲的不甚了解，也说明当时清王朝的世界观很狭隘，对于一个新时代的到来没有丝毫预感，继续沉浸在"天朝上国"的幻梦中。从1792年马嘎尔尼访华的事件中，老迈的乾隆皇帝也许意识到了这一点，但那时的他已像难以焕发更大活力的清帝国一样，再难有作为，已不能再给帝国注入开眼看世界的新鲜血液。半个世纪后，英国人最终以坚船利炮的方式惊醒了清王朝这个美梦。由书中所记，我们亦可管窥时代大局之一斑。

另外，《皇清职贡图》记述管辖境内民族部族、聚落尤详，几占大半篇幅，这对于梳理民族演变历程具有重要意义。如对西南少数民族的描述中，常有"盘瓠"为畲人、苗人（"苗人至今多祀盘瓠为祖"）、瑶人、僮人、狼人、犵人等本部族始祖的记载。在西南众多民族的神话故事中，"盘瓠"本是一条狗，所以很多少数民族的名称也都带有"犭"旁，蛮夷的民族歧视可得例证。还有，从这些民族的称呼，也可以大致知道中国古代少数民族分布情况。如"苗"有红苗、青苗、花苗、黑苗、龙胜苗、罗城县苗、宋家苗、马镫龙家苗、九股苗、罗汉苗、紫姜苗、东苗、西苗、侬苗等，主要分布在贵州地区；苦聪、麽些、罗婆、撒弥、摆夷等主要杂居在云南；带"番"字的四川最多，如威茂协辖大金川番民、威茂协辖小金川番民等。这里就不一一概述了。

此外，沈从文的《中国古代服饰研究》一书中，清代少数民族图示也大都来源于此，足可见本书在服饰史、风俗史等方面研究同样具有珍贵的参考价值。无怪乎郑振铎称赞它为"信史"。

总之，《皇清职贡图》是研究古代中外关系、民族学等方面的重要史料。

此次出版，在尊重原版的基础上，我们删繁就简，根据当下的地理行政划分重新编选，共划分为六卷，包括：外国卷、关东卷、闽台卷、南粤卷、西南卷、西域卷。并对全文做了句读、注释、译文等工作，以及对某些生僻字注音，对繁体、异体字进行处理，以便于读者阅读。需要说明的是，"外国卷"每一国的标题删除"官"或"妇"，翻译保留"国"；其他卷的标题同样也只保留民族名称，删去"人""民""妇"。再者，此次共选用了二百余张高清图片。其中就单个民族男女的图片出处来说，《西南卷·贵州省》部分选用的是清晚期彩绘本《苗蛮图说》（82图）；《南粤卷》《西南卷·四川省》部分选用的是清代谢遂绘制的《职贡图》；其余全部来自清乾隆五十三年彩绘册页本的《皇清职贡图》。

最后，鉴于《皇清职贡图》版本数量有限，此次出版又是基于原始古籍整理，如有错误之处，还望读者多多指正。

目录

外国卷

朝鲜国 / 002

日本国 / 006

琉球国 / 008

马辰国 / 012

安南国 / 014

暹罗国 / 020

宋腒朥国 / 024

吕宋国　/　026

苏禄国　/　028

南掌国　/　030

缅甸国　/　034

柬埔寨国　/　036

苏喇国　/　038

咖喇吧国　/　040

嘛六甲国　/　042

汶莱国　/　044

柔佛国　/　046

大西洋国　/　048

大西洋合勒未祭亚省　/　050

大西洋翁加里亚国　/　052

大西洋波罗泥亚国　/　054

大西洋国黑鬼奴　/　056

大西洋国女尼　/　058

小西洋国　/　060

荷兰国　/　062

　　英吉利国　/　064

　　法兰西国　/　066

　　瑞国　/　068

　　俄罗斯国　/　070

　　亚利晚国　/　074

关东卷

　　鄂伦绰　/　078

　　奇楞　/　080

　　库野　/　082

　　费雅喀　/　084

　　恰喀拉　/　086

　　七姓　/　088

　　赫哲　/　090

闽台卷

　　罗源县畲民　/　094

台湾县大杰巅等社熟番 / 096

凤山县放索等社熟番 / 098

诸罗县诸罗等社熟番 / 100

诸罗县箫垄等社熟番 / 102

彰化县大肚等社熟番 / 104

彰化县西螺等社熟番 / 106

淡水厅、德化等社熟番 / 108

淡水厅、竹堑等社熟番 / 110

凤山县山猪毛等社归化生番 / 112

诸罗县内山、阿里等社归化生番 / 114

彰化县水沙连等社归化生番 / 116

彰化县内山生番 / 118

淡水右武乃等社生番 / 120

湖南省

永绥乾州等处红苗 / 122

靖州、通道等处青苗 / 124

安化、宁乡等处瑶人 / 126

宁远等处箭杆瑶人 / 128

道州、永明等处顶板瑶人 / 130

永顺、保靖等处土人 / 132

南粤卷

广东省

新宁县瑶人 / 136

增城县瑶人 / 138

曲江县瑶人 / 139

乐昌县瑶人 / 140

乳源县瑶人 / 141

东安县瑶人 / 142

连州瑶人 / 143

灵山县僮人 / 144

合浦县山民 / 145

琼州府黎人 / 146

广西省

临桂县大良瑶人 / 148

永宁州梳瑶人 / 150

兴安县平地瑶人 / 151

灌阳县竹箭瑶人 / 152

罗城县盘瑶人 / 153

修仁县顶板瑶人 / 154

庆远府过山瑶人 / 155

陆川县山子瑶人 / 156

兴安县僮人 / 157

贺县僮人 / 158

融县僮人 / 160

龙胜苗人 / 162

罗城县苗人 / 164

怀远县苗人 / 166

贵县狼人 / 168

怀远县狑人 / 169

西林县皿人 / 170

西林县防人 / 171

太平府属土人 / 172

西隆州土人 / 174

西南卷

云南省

云南等府黑彝 / 178

云南等府白彝 / 180

广南等府妙彝 / 182

曲靖等府僰夷 / 184

景东等府白人 / 186

曲靖等府仲人 / 188

广南等府沙人 / 190

广南等府侬人 / 192

顺宁等府蒲人 / 194

丽江等府怒人　/　196

鹤庆等府求人　/　198

贵州省

贵阳、大定等处花苗　/　200

铜仁府属红苗　/　202

黎平、古州等处黑苗　/　204

贵定、龙里等处白苗　/　206

贵筑、修文等处蔡家苗　/　208

贵阳府属宋家苗　/　210

清平县九股苗　/　212

大定府威宁州猓猡　/　214

贵州等处犵佬　/　216

贵定黔西等处木佬　/　219

定番州八番　/　220

普安州属僰人　/　222

下游各属峒人　/　224

贵定县瑶人 / 226

四川省

松潘镇中营辖、西坝、包子寺等处番民 / 228

威茂协辖瓦寺宣慰司番民 / 230

威茂协辖杂谷各寨番民 / 232

威茂协辖小金川番民 / 234

西藏自治区

西藏所属卫、藏、阿尔、喀木诸番民 / 236

西藏所属布噜克巴番人 / 238

西藏所属穆安巴番人 / 240

西藏巴呼喀木等处番人 / 242

西藏密尼雅克番人 / 244

鲁康布札番人 / 246

巴勒布番人 / 248

西域卷

伊犁等处台吉 / 252

伊犁等处宰桑 / 254

伊犁等处民人 / 256

伊犁塔勒奇、察罕、乌苏等处回人 / 258

哈萨克民人 / 260

布噜特民人 / 262

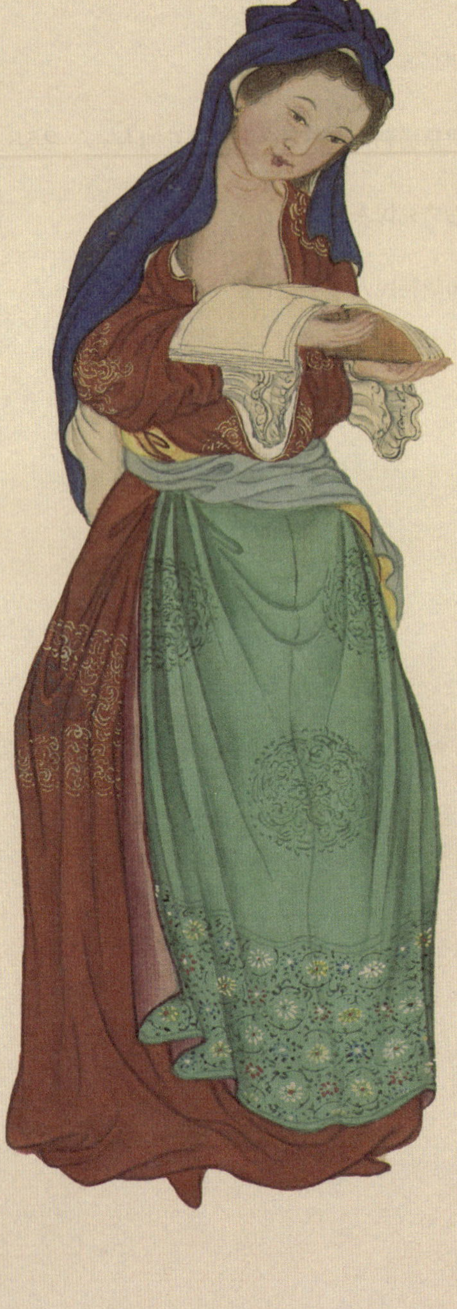

外国卷

朝鲜国

朝鲜古营州①外域，周封箕子②于此。汉末扶余人③高姓据其地，改国号高句（gōu）骊，亦称高丽。唐李勣（jì）征之，高氏遂灭。至五代时有王建者，自称高丽王。历唐至元，屡服屡叛。明洪武中，李成桂④自立为王，遣使请改国号为朝鲜。本朝崇德元年⑤，太宗文皇帝亲征克之，其国王李倧（zōng）出降，封为朝鲜国王，赐龟纽金印，自是朝鲜遂服，庆贺大典俱行贡献礼。其国分八道、四十一郡、三十三府、三十八州、七十县，王及官属俱仍唐人冠服⑥。俗知文字，喜读书，饮食以笾豆⑦。官吏娴威仪，妇人裙襦加襈⑧。公会衣服皆锦绣金银为饰。

朝鲜国民人，戴黑白毡（zhān）帽，衣裤则皆以白布为之。民妇辫发盘顶，衣用青蓝色，外系长裙，布袜花履。崇释信鬼，勤于力作。

【注释】

① 营州：辖区包括今辽西一带，汉代治所在柳城（今辽宁省朝阳市）。

② 箕子：名胥余，为商纣王的叔父。周武王灭商后，被封为朝鲜侯。

③ 扶余人：汉朝至唐朝居住在中国东北地区的民族。

④ 李成桂：朝鲜王朝的开国君主。

⑤ 崇德元年：1636年。崇德为清太宗皇太极的年号。

⑥ 王及官属俱仍唐人冠服：实际上沿袭的是明朝的服饰。

⑦ 笾（biān）豆：古代竹编食器，形状如"豆"字。祭祀

朝鲜国夷官　选自《皇清职贡图》彩绘册页本　（清）傅恒等/编绘　收藏于法国国家图书馆

朝鲜国夷官妇　选自《皇清职贡图》彩绘册页本　（清）傅恒等/编绘　收藏于法国国家图书馆

燕享时，用来盛果实、干肉等食物。

⑧ 襈（zhuàn）：衣服的边饰。

【译文】

朝鲜国在中国古代的营州之外，周武王分封商纣王的叔父箕子于此。西汉末年，扶余人高姓占据此地，改国号为高句骊，也称高丽。唐初，被李勣征讨而灭国。唐末五代时，有名叫王建的人，自称高骊王。从唐代至元代，屡次被中国降服又屡次背叛中国。明太祖洪武年间，李成桂自立为王，派遣使者向中国称臣，奉旨改国号为朝鲜。崇德元年，太宗皇帝亲征朝鲜，朝鲜王李倧请降。太宗皇帝封其为朝鲜国王，并赐龟纽金印，从此朝鲜降服。在本朝的庆贺大典上，朝鲜国王都要遣使纳贡行礼。朝鲜国有八道、四十一郡、三十三府、三十八州、七十县，国王和官吏都还沿袭着唐人的衣冠服饰。朝鲜国官吏普遍知晓汉字，喜爱读书，用笾豆盛放食物。官员文雅而富有威仪，官妇的裙襦有华美边饰。官服上都用金银和锦绣来装饰。

朝鲜国百姓，头戴黑白毡帽，上衣和裤子都用白布做成。妇女编辫子盘在头顶，衣为青蓝色，外面系长裙，穿花鞋和布袜子。朝鲜百姓崇尚佛教，信鬼，勤于耕作。

朝鲜国民人
选自《皇清职贡图》彩绘册页本 （清）傅恒等／编绘
收藏于法国国家图书馆

朝鲜国民妇
选自《皇清职贡图》彩绘册页本 （清）傅恒等／编绘
收藏于法国国家图书馆

日本国

日本，古倭奴国。唐改日本，以近东海日出而名也。地环海，有五畿、七道、三岛①，宋以前皆通中国。明洪武初常表贡方物。而夷性狡黠，时剽掠沿海州县，叛服无常。俗崇释信巫，嗜酒轻生，亦习中国文字，读以土音。立法颇严，鲜争讼窃盗②。居处饮食有古法，其器用制造精巧，物产亦饶。男髡顶③跣足④，（着）方领衣，束以布带，出入佩刀剑。妇挽髻插簪，宽衣，长裙，朱履，能织绢布。

【注释】

① 五畿（jī）：指京畿区域内的五个令制国，又称"畿内"或"五畿内"，为山城、大和、河内、和泉、摄津。七道：指京畿之外的日本行政区域，因仿中国唐制，皆以"道"称之，为东海道、东山道、北陆道、山阳道、山阴道、南海道、西海道。三岛：为本州岛、九州岛、四国岛，此时北海道尚未被开发。

② 立法颇严，鲜争讼窃盗：源自日本古代"喧哗两成败"的司法原则。在这种司法原则下，对于发生纠纷、暴力冲突的双方当事人，不问谁是谁非，冲突的双方都必须受到惩罚。正是这种荒唐的司法原则，导致了古代日本人都不敢打官司。

③ 髡（kūn）顶：剃光头顶的发。

④ 跣（xiǎn）足：光脚。

【译文】

　　日本，古代叫倭奴国。唐朝时，因靠近东海日出的地方而改名为日本。日本国四面环海，有三个岛屿，行政区域为五畿和七道。宋朝以前一直与中国相通。明朝洪武初年，日本国经常上表纳贡，进献方物。但日本国人狡黠，经常劫掠中国沿海州县，叛服无常。日本国人信佛和巫术，嗜酒，轻生死，也学习中国的文字，但用土音来读。日本国立法颇为严苛，鲜有争斗、诉讼和盗窃之事。日本国人的居住饮食习惯有古代遗风，器皿制作精良，物产丰饶。日本国男人剃光头顶的发，光脚，穿方领衣服，扎布带，出入佩带刀剑。日本国女人梳发髻，插簪子，宽衣长裙，穿红鞋，能织丝绢和布匹。

日本国夷人　选自《皇清职贡图》彩绘册页本　（清）傅恒等/编绘　收藏于法国国家图书馆

日本国夷妇　选自《皇清职贡图》彩绘册页本　（清）傅恒等/编绘　收藏于法国国家图书馆

琉球^①国

琉球居东南大海中。明初其国有三王，曰中山、曰山南、曰山北，皆以尚为姓，而中山最强。洪武间，三王俱入贡。至宣德时，山南、山北为中山所并。本朝定鼎，其王航海输诚，遣使册封，屡赐御书匾额，常遣陪臣子弟入监读书。其国有三十六岛，气候常温。俗尚文雅，鲜盗贼。王与臣民分土为禄。地产五谷蔬果之属。夷官品级以金银簪为差等，用黄绫绢折圈为冠，宽衣大袖，系大带。官妇髻插金簪，不施粉黛，衣以锦绣，其长覆足。

琉球国人，多深目长鼻。男服耕作，营海利。土人结髻于右，汉种结髻于中。布衣草履，出入常携雨盖。妇椎髻，以墨黥手为花草鸟兽形。短衣长裙，以幅巾披肩背间，见人则升以蔽面。常负物入市交易，亦工纺绩。

【注释】

① 琉球：琉球王国位于中国台湾岛和日本九州岛之间，1879年日本将其强行吞并，设为"冲绳"县，琉球国覆亡。

【译文】

琉球国位于中国东南大海之中。明朝初年，该国分为中山、山南和山北三个王国，国王都姓尚，中山王国最强。明朝洪武年间，三国都向中国纳贡。到明朝宣德年间时，山南和山北都被中山吞并，统一为琉球国。本朝入主中原后，琉球国王表示臣服，遣使渡海而来，请求册封，本朝皇帝多次赏赐御书匾额。琉球国还经常派遣贵族子弟进入国子监读书，

琉球国夷官
选自《皇清职贡图》彩绘册页本 （清）傅恒等/编绘
收藏于法国国家图书馆

琉球国夷官妇
选自《皇清职贡图》彩绘册页本 （清）傅恒等/编绘
收藏于法国国家图书馆

学习中国文化。琉球国有三十六个岛，气候常年温和。琉球国人大都崇尚文雅，少有偷盗之事。琉球国国王将土地分封给大臣，作为大臣任职的俸禄。琉球国产五谷和蔬菜瓜果之类。琉球国官员用金银簪子来区分品级，官帽为黄色绫绢折圈而做成，宽袍大袖，系着宽大的衣带。琉球国官妇插金簪，不施粉黛，穿着锦绣华服，下摆很长，能把脚都盖住。

琉球国百姓，多眼窝深陷、鼻梁高耸的长相。男人耕种土地，也经营海边的渔盐之利。琉球国土著发髻梳在右边，当地华侨的发髻梳在正中，可以区分。琉球百姓穿布衣和草鞋，出门经常携带雨伞。妇女椎髻高耸，手上文着墨色花卉和鸟兽的图案，短衣长裙，肩上搭着围巾，见到生人就用围巾遮脸，她们经常背着货物进到集市里买卖，也擅长纺纱。

琉球国夷人
选自《皇清职贡图》彩绘册页本 （清）傅恒等 编绘
收藏于法国国家图书馆

琉球国夷妇
选自《皇清职贡图》彩绘册页本 （清）傅恒等 编绘
收藏于法国国家图书馆

马辰国[①]

马辰国,即文郎马神,在东南海中,相传汉马援[①]南征士卒之裔。其地多水,惟夷目得陆居,夷人则架筏水上,覆以板屋。俗尚释教,而性强悍,男女无敢私合,以采藤拾椒为业。男剪发,勒以红帛,腰围花罽(jì),出入必佩刀剑,常负竹筐以盛椒。女袒身跣足,系布裙过膝间,披幅帛于胸背,汲水则戴瓦瓶于首。

【注释】

① 马辰国:在今印度尼西亚婆罗洲。

② 马援:字文渊,扶风茂陵(今陕西省兴平市)人,汉代名将,世称"马伏波"。东汉时,马援曾领兵南征交趾。

【译文】

马辰国,即文郎马神国,位于东南海中,相传是由汉代伏波将军马援南征士卒的后人建立起来的国度。其地多水域,只有官员才能居住在陆地上,百姓在水上搭架竹筏,盖上房屋。马辰国人信佛,但性情强悍。男女不敢私下结合。以采藤拾椒为业。男子剪发,并用红绸勒住,腰间围着花毯,出入必佩刀剑,常背着竹筐,用来装藤椒。女人露体光脚,腰系过膝布裙,胸背披以绸子,汲水时用头顶瓦罐。

马辰国夷人 选自《皇清职贡图》彩绘册页本 （清）傅恒等／编绘 收藏于法国国家图书馆

马辰国夷妇 选自《皇清职贡图》彩绘册页本 （清）傅恒等／编绘 收藏于法国国家图书馆

安南国①

安南，古交趾地，唐以前皆隶中国。五代时始为土人窃据。宋时丁氏、黎氏皆三传，李氏八传，无子，传婿陈氏。明永乐间，讨黎季犛（máo）篡陈氏之罪，因郡县其地，后黎利构乱，因而抚之。嘉靖中，莫登庸篡黎氏，旋为黎惟潭恢复。本朝康熙五年，黎惟禧款附，因封为国王，嗣后五年一贡。

其地有东西二都②、十三道，土地膏腴，气候炎热，一岁二稔。其夷目冠带朝服多仍唐制③，皂革为靴，惟武官平顶纱帽，靴尖双出，以为别。贵家妇人披发不笄，耳带金环，以大小分等级，内服绣襦，外披氅衣，履如芒屩（juē）。

安南国夷人性狡诈，好浴，信鬼神，重丧祭。附山耕稼、树桑，滨海捕鱼、煮盐。男子戴大白草帽，形如覆镬④，长领大衣，手持蕉扇，曳履而行。贫者则短衣赤足，勤于耕作。妇女以帕蒙首，长衣长裙，纳履露踵，相见以槟榔为礼，善纺绩烹饪之事。

刺雞，交州⑤苗裔，在安南境内。先隶交酋管辖，因与滇省接壤，国初置开化府。多居府属逢春里之极边，性顽悍嗜酒，善用火器，凡交地守关守厂，以为兵卒。其僻处山箐者，黑面环眼⑥，短衣短裤，或捕蛇鼠则生啖之。妇人短衣长裙，善弩，亦能射猎。雍正八年以边地四十里隶安南，俾（bǐ）就近管领约束。

【注释】

① 安南国：即今越南。

② 其地有东西二都：东都为升龙，即今河内；西都为清化，

安南国夷官 选自《皇清职贡图》彩绘册页本 （清）傅恒等／编绘 收藏于法国国家图书馆

安南国夷官妇 选自《皇清职贡图》彩绘册页本 （清）傅恒等／编绘 收藏于法国国家图书馆

在河内西南。

③ 冠带朝服多仍唐制：实承袭明朝服制。

④ 覆镬（huò）：掉转过来的锅。镬，锅。

⑤ 交州：今越南北部红河流域。

⑥ 环眼：圆眼。

【译文】

安南国，即古代的交趾，在唐代之前都隶属于中国。唐末五代十国时期，当地土著才私下占据了交趾，从此由中国分离出来。经至宋朝，先后有丁氏、黎氏政权，都传了三代。此后的李氏传了八代，无子绝后，就把王位传给女婿陈氏。明成祖永乐年间，外戚黎季犛谋权篡位，明成祖发兵南下征伐，将该国土地划分为郡县管理。不久后，黎利叛乱，明朝于是转为安抚，将军队撤出安南。嘉靖年间，安南国权臣莫登庸篡夺黎氏之位，但不久后又被黎惟潭击败，恢复黎氏政权。本朝康熙五年（1666年），黎惟禧归附，康熙帝封其为安南国王，此后五年一贡。

安南国有东西二都，行政区域划分为十三道，土地肥沃，气候炎热，农作物能一年两熟。安南国官员的衣冠服饰多沿袭唐制，脚穿黑色皮靴，只有武官头戴平顶纱帽，靴子有两个尖角，以此区别。安南国贵妇披发，不别簪梳髻；佩戴金耳环，并以此区分社会地位；内穿绣襦，外罩大氅；脚下所着，如草鞋一类。

安南国百姓性情狡诈，喜欢沐浴，信奉鬼神，重视丧祭。靠近山区的地方耕桑，靠近海的地方捕鱼、煮盐。男子头戴大白草帽，看起来像一口倒扣的大锅；身穿宽松的长领衣服，

安南国夷人 选自《皇清职贡图》彩绘册页本 （清）傅恒等／编绘 收藏于法国国家图书馆

安南国夷妇 选自《皇清职贡图》彩绘册页本 （清）傅恒等／编绘 收藏于法国国家图书馆

手握芭蕉扇，拖着鞋子走路。贫穷者则身穿短衣，光脚前行，勤于耕作。妇女以帕蒙首，穿长衣长裙，穿鞋露脚后跟，见面以槟榔为礼，擅长纺绩和烹饪。

刺鸡是交州人的后裔，在安南境内。最先隶属于交州酋长管辖，因与云南省接壤，国初置开化府管辖。刺鸡人大多居住在开化府逢春里的边境之地，性情顽固彪悍且嗜酒，善用枪械，但凡安南遇到要守关守厂，都招募他们为兵。居住在深山老林的刺鸡人，黑面环眼，穿短衣短裤，有时捕到蛇鼠一类野物就生吃。刺鸡妇女穿短衣长裙，善用弩，也会打猎。雍正八年（1730年），本朝划边境四十里给安南，以就近管理他们。

安南国剌㵲
选自《皇清职贡图》彩绘册页本 （清）傅恒等/编绘
收藏于法国国家图书馆

安南国剌㵲妇
选自《皇清职贡图》彩绘册页本 （清）傅恒等/编绘
收藏于法国国家图书馆

暹罗国[①]

暹罗国在占城[②]西南，即隋唐赤土国。后分罗斛、暹二国，暹复为罗斛所并。明洪武时封为暹罗国王。入国朝，尤恭顺，国贡惟谨。其地方千里，有大库司九、府十四、县七十二。官制九等，其四等以上戴锐顶金帽，嵌以珠宝。五等以下则以绒缎为之，衣锦绣，及织金，或花布短衣，系锦带。妇人以金银为簪钏约指，上衣披五色花缦，下衣五彩织金，花幔拖地，长二三寸，足履红革鞭鞋[③]。其选举皆引至王前，咨以民事，应对得当，即授官服，候用。文字横书，有事则具书文朗诵呈之。

暹罗地卑湿，民皆楼居，坐卧即以楼板上，藉以毡席。其风俗劲悍，习于水战，好崇佛斋僧，饲象取牙以奉夷目。男白布缠头，衣短衣，曳革履，常佩刀剑。妇女椎髻，上衣披青蓝布缦，下衣五色布短裙，性喜游冶，亦工纺绩，俗重女轻男，家事皆取决于妇。

【注释】

① 暹（xiān）罗国：即今泰国。

② 占城：在今越南南部。

③ 鞭（sǎ）鞋：形似今日之拖鞋。

【译文】

暹罗国位于占城国的西南边，即隋唐时期的赤土国。后被分为罗斛、罗暹两个国家，罗暹最后又被罗斛吞并。明朝洪武时期，册封了暹罗国王。到国朝后，暹罗国尤为恭敬顺从，按时朝贡，谨慎小心。暹罗国领土方圆千里，行政区域

暹罗国夷官
选自《皇清职贡图》彩绘册页本 （清）傅恒等／编绘
收藏于法国国家图书馆

暹罗国夷官妇
选自《皇清职贡图》彩绘册页本 （清）傅恒等／编绘
收藏于法国国家图书馆

有九个大库司、十四个府、七十二个县。暹罗国官制分为九等，四等以上戴镶嵌珠宝的尖顶金帽；五等以下则戴用绒缎制成的帽子，穿织金的锦绣衣，或用花布制成的短衣，系锦带。官妇佩戴用金银制作的簪子、手镯和戒指，上衣五色花缦，下衣为五彩织金，花幔拖地，长二三寸，脚穿红革鞔鞋。暹罗国选举都要把人才引到君王前，君王考问民事，如果应对得当，即授官服，等候任用。暹罗国文字是横着书写的，有事就写好文书呈上并朗诵。

　　暹罗国地势低矮，气候潮湿，因此百姓都住吊脚楼，楼板上垫有毡子或席子，生活起居均在上面。民风劲悍，习于水战，信佛斋僧，百姓饲养大象取牙献贡给官员。男子白布缠头，穿短衣，穿皮鞋，常佩刀剑。妇女结椎型发髻，上衣为青蓝布缦，下衣为五色布短裙，喜欢游乐，也懂纺织。暹罗百姓重女轻男，家中事情都由妇女决定。

暹罗国夷人
选自《皇清职贡图》彩绘册页本 （清）傅恒等/编绘
收藏于法国国家图书馆

暹罗国夷妇
选自《皇清职贡图》彩绘册页本 （清）傅恒等/编绘
收藏于法国国家图书馆

宋腒朥^①国

宋腒朥乃暹罗属国,其人多以耕渔为业,性情褊急,其斋僧饲象,与暹罗相类。男蓄发去其鬌,首插雉尾,腰束匹帛,短衣而窄裤,无履袜,常佩刀剑。女椎髻跣足,短衣长裙,披帛于肩,颇能知纺绩。

【注释】

① 宋腒朥(jū láo):即今泰国宋卡府。

【译文】

宋腒朥国为暹罗属国,国人多以农耕捕鱼为业,气度褊窄,脾气急躁,信佛斋僧、饲养大象,这些习俗与暹罗国相似。宋腒朥国男子蓄发,剃掉两腮之须,头上插野鸡尾羽,腰缠绸缎,穿短衣和紧身裤,不穿鞋袜,平常佩带刀剑。妇女留椎髻,光脚,穿短衣配长裙,肩披绸巾,颇懂纺织。

宋腒勝国夷人
选自《皇清职贡图》彩绘册页本 （清）傅恒等/编绘
收藏于法国国家图书馆

宋腒勝国夷妇
选自《皇清职贡图》彩绘册页本 （清）傅恒等/编绘
收藏于法国国家图书馆

吕宋①国

吕宋居南海中，去闽之漳州甚近。明初朝贡，万历中为佛郎机②所并，而仍其国名。佛郎机在占城西南，先是灭满剌加③，又与红毛中分美洛居④，至是破吕宋，益富强。多侨居香山澳门贸易。夷人居吕宋者，长身高鼻，猫睛鹰嘴，服饰与大小西洋略同。妇盘髻施簪珥，方领露胸，短衣长裙，裙里衬藤圈二三层，常执帕以盖髻。

【注释】

① 吕宋：即今菲律宾群岛中的吕宋岛。16世纪后半叶，西班牙开始侵占此地并最终建立殖民统治。

② 佛郎机："Frank"一词的误读，今译为"法兰克"。原为15世纪后期至16世纪初期欧洲的一种火炮，明朝时由葡萄牙人传入中国，遂以"佛郎机"称葡萄牙。又因为明代未对西班牙、葡萄牙加以细分，也称西班牙为"佛郎机"。

③ 满剌加：即马六甲，明时称其为"满剌加"。马六甲王朝由拜里米苏拉于1402年建国，其王城为今马六甲市。1511年，葡萄牙殖民者侵略马六甲王朝，并在同年马六甲围城战中夺取了其都城。1528年，葡萄牙开始殖民马六甲。

④ 美洛居：古国名，又译"摩鹿加"，在今印度尼西亚境内。明朝时是中国的属国。

【译文】

　　吕宋位于南海中，离福建漳州很近。明初朝贡中国，万历中叶被葡萄牙吞并，仍沿用以前国名。葡萄牙在占城西南，先灭马六甲苏丹国，又与荷兰平分摩鹿加，接着又攻破吕宋国，愈发富强。葡萄牙人多侨居在广东香山和澳门，从事贸易活动。居住在吕宋的西洋人，男子个高鼻尖，猫眼鹰嘴，服饰与大小西洋相似；妇女盘发髻，戴簪子和耳环，衣服为方领，露出胸脯，穿短衣配长裙，裙里衬藤圈二三层，常用手帕遮盖发髻。

吕宋国夷人 选自《皇清职贡图》彩绘册页本 （清）傅恒等／编绘 收藏于法国国家图书馆

吕宋国夷妇 选自《皇清职贡图》彩绘册页本 （清）傅恒等／编绘 收藏于法国国家图书馆

苏禄国①

苏禄在东南海中。明永乐间,其国有东西两王,又有峒王俱来朝贡,后不复至。本朝雍正四年遣使入贡,因定期五年一来。其地气候常热,人情强悍,以取蚌珠为业。山田瘠,寡粟麦。民率食鱼虾,煮海为盐,酿蔗为酒,不食豕肉。男剪发裹头,去须留髯;衣裤俱短,绛帛系腰;露胫而着履。女椎髻跣足,短衣长裙,以幅锦披肩,能织竹为布。

【注释】

① 苏禄国:在今菲律宾西南苏禄群岛。

【译文】

苏禄国位于东南海中。明朝永乐年间,苏禄国有东、西两王和峒王,都向中国朝贡,永乐后没有再来朝贡。本朝雍正四年(1726年)遣使朝贡,由此定期五年一贡。苏禄国气候四季常热,国人性情强悍,以取珍珠为业。山地土壤贫瘠,种粮收成不高。百姓都吃鱼虾,煮海水制盐,以甘蔗酿酒,不吃猪肉。男子剪发裹头,剃中间胡须而留两侧之髯;短衣短裤,用红绸系腰,光腿但穿鞋。妇女留椎髻,光脚,短衣长裙,用丝绸披肩,能把竹子织成布。

苏禄国夷人
选自《皇清职贡图》彩绘册页本 （清）傅恒等/编绘
收藏于法国国家图书馆

苏禄国夷妇
选自《皇清职贡图》彩绘册页本 （清）傅恒等/编绘
收藏于法国国家图书馆

南掌国[1]

南掌，古越裳氏地，自周以来不通中国。明永乐初，部长刀线歹入贡，始置军民宣慰使。万历中犹奉贡，后不复至。本朝雍正八年，其部长索马喇萨遣其头目叭猛花等奉金表，称南掌国王贡牝牡[2]二象。乾隆八年定为十年一贡。其部长居高楼，见者以贵贱为限，贵者披发覆肩，红巾红衣。妇人则挽发，束以红帛，短衣长裙，体皆刺花，性多犷悍。

老挝俗呼为挝家，即南掌夷民也。男子披发，带黑漆帽，着青衣，以匹布绕下体。妇女挽髻，以白布抹额，白衣红领，系花布桶裙。俱跣足，喜啖生肉，知耕种，勤纺织，其近在普洱府东界外者，常入内地贸易。

【注释】

① 南掌国：即今老挝。

② 牝牡（pìn mǔ）：指阴阳。泛指与阴阳有关的，如雌雄、女男等。出自《荀子·非相》："夫禽兽有父子而无父子之亲，有牝牡而无男女之别。"

【译文】

南掌国为古代越裳国的领地，自周朝以来不通中国。明朝永乐初，首领刀线歹向中国朝贡，才设置军民宣慰使。万历朝时仍然朝贡，但之后没有再来纳贡。本朝雍正八年（1730年），首领素马喇萨派叭猛花等官员带着金字表文来朝贡，称南掌国王进贡雌雄两头大象。乾隆八年（1743年）定期为十年一贡。南掌国首领住高楼，以身份贵贱来限制会见的人数。贵族男子长发披肩，蒙红巾，穿红衣。贵族妇女用红

南掌国夷官 选自《皇清职贡图》彩绘册页本 （清）傅恒等/编绘 收藏于法国国家图书馆

南掌国夷官妇 选自《皇清职贡图》彩绘册页本 （清）傅恒等/编绘 收藏于法国国家图书馆

绸挽发，穿短衣长裙，满身刺青，性情彪悍。

老挝，俗称挝家，即南掌国平民。男子披发，戴黑漆帽，穿青衣，用整匹布料围挡下身。妇女挽发髻，戴白布抹额，白衣红领，系花布桶裙。男女都光脚，爱吃生肉。男子会耕田，女子勤于纺织。靠近云南普洱府边境的老挝百姓，经常进入中国境内贸易。

南掌国老挝
选自《皇清职贡图》彩绘册页本　（清）傅恒等／编绘
收藏于法国国家图书馆

南掌国老挝妇
选自《皇清职贡图》彩绘册页本　（清）傅恒等／编绘
收藏于法国国家图书馆

缅甸国

缅甸,古朱波地,在永昌府腾越州[①]天马、虎踞诸关外,其酋居阿瓦城[②]。元及明初虽示羁縻,时多反复。嘉靖后,莽瑞体父子雄长诸部,自称缅甸国王,不通职贡。本朝顺治十八年,吴三桂领兵至阿瓦城东,传谕缅王,倾心向化。乾隆十五年,其王莽达喇制金银二铍[③],篆刻表文,并贡涂金宝塔、驯象、缅布等物,嗣为木梳酋长瓮藉牙所篡,子懵恼、懵驳相继占踞。其夷官夷民服饰与南掌相似,妇人束发穿耳,短衣围以锦幅长裙,性爱花卉。其文字呈尊者用金叶书之,次用纸,次用槟榔叶,谓之"缅书"。

【注释】

① 腾越州:今云南省腾越市。文中所称隶属的永昌府,即今云南省保山市。

② 阿瓦城:在今缅甸曼德勒省德达乌县境内。

③ 铍(pī):箭的一种。箭头较薄而阔,箭杆较长。

【译文】

缅甸,在古代称朱波,位于云南永昌府腾越州边境的天马关、虎踞关之外,酋长住在阿瓦城。元到明初曾以边高压边宣慰的政策来笼络该国,但其国不时又反复归顺背叛。明嘉靖朝后,莽瑞体父子称雄于缅甸各个部落,自封为国王,不再朝贡中国。本朝顺治十八年(1661年),吴三桂追击南明余部,领兵抵达缅甸阿瓦城东,传谕给缅王,用心劝解,其王归顺清朝。乾隆十五年(1750年),缅甸国王莽达喇打造金银两支箭，篆刻表文，还进献了涂金宝塔、驯象、缅布等贡品。后来，缅甸国王位被木梳酋长瓮藉牙篡夺，瓮藉牙之子懵恼、懵驳先后继位。缅甸国官民服饰与南掌国相似，妇女扎发，打耳洞，穿短衣和锦幅长裙，喜欢花卉。呈给尊者的文章用金片写，低一等的用纸张写，再低的用槟榔叶写，称为"缅书"。

缅甸国夷人
选自《皇清职贡图》彩绘册页本　（清）傅恒等／编绘
收藏于法国国家图书馆

缅甸国夷妇
选自《皇清职贡图》彩绘册页本　（清）傅恒等／编绘
收藏于法国国家图书馆

柬埔寨国

柬埔寨即真腊国,介安南、暹罗间,隋唐及宋皆朝贡。明初亦常至,初称甘孛(bèi)智,万历中改今名。人情柔弱,喜饲象,能演之为阵,用以御敌。常带剑入山,取犀角献于夷目。男剪发裹头,身衣仅蔽下体。女挽髻露肘臂,惟蔽其乳,围裙跣足,能采桑饲蚕,亦能织席。

【译文】

柬埔寨,即真腊国,位于安南与暹罗之间,隋唐到宋朝都向中国朝贡,明初也常来朝贡。国名最初叫甘孛智,明万历中叶才改用现在的名字。柬埔寨国人性情柔弱,爱饲养大象,能让大象参与演练阵法,用来御敌;他们经常带剑到深山取犀牛角献给长官。男子剪发裹头,穿衣服仅遮住下体。女子留发髻,露肘臂,穿衣服只盖胸口,穿裙子,光脚,既能采桑养蚕,也能织席。

柬埔寨国夷人 选自《皇清职贡图》彩绘册页本 （清）傅恒等／编绘 收藏于法国国家图书馆

柬埔寨国夷妇 选自《皇清职贡图》彩绘册页本 （清）傅恒等／编绘 收藏于法国国家图书馆

苏喇国[1]

苏喇国即回回国,在西南。或云本苏门答剌,为汉条枝、唐波斯大食二国。地天时温暖,无麦有禾,一岁二稔,多产宝石、香药。俗颇淳厚,性亦柔善。男白布缠头,蓄须发,着素衣,肩披花帛,束腰佩剑。妇披发不笄,领下胸前多饰金珠。家居常喜现体跣足,出行仍以大布蒙首至踵。

【注释】

① 苏喇国:或为苏门答腊岛上的亚齐地区。

【译文】

苏喇国,即回回国,位于中国西南方。有说法认为是苏门答剌,即汉代的条枝、唐代的波斯、大食。苏喇国气候温暖,不种麦,种禾,一年两熟,多产宝石香料。苏喇国民风淳朴,性情柔善。男子以白布缠头,蓄胡须和头发,身穿素衣,肩披花帛,束腰佩剑。妇女披发不笄,胸前多佩戴有金银珠宝的首饰,在家中喜欢露体光脚,出门才用大幅布料从头到脚裹住。

苏喇国夷人　选自《皇清职贡图》彩绘册页本　（清）傅恒等/编绘　收藏于法国国家图书馆

苏喇国夷妇　选自《皇清职贡图》彩绘册页本　（清）傅恒等/编绘　收藏于法国国家图书馆

咖喇吧①国

咖喇吧本爪哇故地,为荷兰兼并,华人之贸易者多流聚于此。性工巧,饶谋虑。室宇壮丽,器具精致。夷人花帛缠头,短衣束腰,绕布幅为裙,跣足,手持木棒,有爵者镌字于上以为别。夷妇垂髻施簪珥,以花布缠上体,短衣长裙,露胸跣足,善裁制缝纫,性嗜啖果。

【注释】

① 咖喇吧:Kelapa,今雅加达。

【译文】

咖喇吧,原本是爪哇领地,后被荷兰兼并,下南洋贸易的华人多流聚到此。华侨性情机巧,多谋略,他们的房屋壮丽,器具精巧。咖喇吧国男子用花绸缠头,穿短衣,腰缠布匹成裙状,光脚;手上拿着木棒,有爵位者会在木棒上刻字,以作区别。妇女垂发髻,戴簪子和耳环,用花布缠上身,短衣长裙,露胸,光脚,擅长裁剪缝纫,喜欢吃水果。

咖喇吧国夷人 选自《皇清职贡图》彩绘册页本 （清）傅恒等/编绘 收藏于法国国家图书馆

咖喇吧国夷妇 选自《皇清职贡图》彩绘册页本 （清）傅恒等/编绘 收藏于法国国家图书馆

嘛六甲①国

嘛六甲，即满剌加，在占城南。明初服属暹罗，永乐中，其酋遣使入贡，封为国王，并勒碑文于其国之镇山，后为佛郎机所侵夺。嘉靖时敕还其地，迄无应者，今则为荷兰所属。其性情机巧，器用精致，亚于咖喇吧。男以色布缠头，长衣短裤，露胫曳履。女椎髻跣足，垂珠于项，短衣长裙，颇工缝纫。

【注释】

① 嘛六甲：即马六甲。

【译文】

嘛六甲，即满剌加，位于占城国南方。明初为暹罗属国，永乐年间，其酋长遣使向中国朝贡，被封为国王，并在国内镇山刻碑纪念，后被葡萄牙吞并。嘉靖年间，朝廷敕令葡萄牙归还其土地，至今没有响应，如今为荷兰属国。嘛六甲国人性情机敏，器具精巧，逊色于咖喇吧人。男子用花布缠头，穿长衣和短裤，光腿但穿鞋。妇女椎髻，光脚，戴珍珠项链，穿短衣配长裙，颇擅长缝纫。

043

嘛六甲国夷人
选自《皇清职贡图》彩绘册页本 （清）傅恒等 / 编绘
收藏于法国国家图书馆

嘛六甲国夷妇
选自《皇清职贡图》彩绘册页本 （清）傅恒等 / 编绘
收藏于法国国家图书馆

汶莱国[①]

汶莱国,即唐时婆罗国,东洋尽处,西洋所自起也,明永乐间常入贡。相传夷目系闽人,随郑和往,因据其地。负山面海,崇释教,恶杀喜施。禁食豕,犯者至死。以伐木采藤为业。男剪发,裹绛帛,去须留髯,与苏禄相似。女散发垂肩,结巾于项,着衣裙而跣足。

【注释】

① 汶莱国:即今文莱周边地区。文中"崇释教"与史实不符。

【译文】

汶莱国,即是唐代的婆罗国,位于东西洋分界的地方,明朝永乐年间经常向中国进贡。相传汶莱国首领是福建人,随郑和下西洋后,据此地生活。汶莱国背山面海。国人信佛,厌恶杀生,喜好布施。汶莱国禁止吃猪肉,违反的人甚至会被判死刑。汶莱国人以伐木采藤为业。男子剪发,用红绸裹头,剃须留髯,与苏禄国男子相似。妇女散发披肩,脖颈围巾,穿衣裙但光脚。

汶莱国夷人 选自《皇清职贡图》彩绘册页本 （清）傅恒等／编绘 收藏于法国国家图书馆

汶莱国夷妇 选自《皇清职贡图》彩绘册页本 （清）傅恒等／编绘 收藏于法国国家图书馆

柔佛国①

柔佛国在西南海中,其地有东西竺山。覆茅为屋,列木为城。地不产谷,常易于邻壤。俗尚释教,持斋累月,见星方食,以刀刺茭(jiāo)、苇叶为文字,婚姻亦论门阀。男剪发跣足,帽如覆碗,铜丝为胎,幂以白布,衣裤俱短,围花巾于腰,身不离刃。妇椎髻跣足,短衣长裙,披锦缯于肩,与苏禄相似,善织席。

【注释】

① 柔佛国:在马来半岛南端。文中"尚释教"与史实不符。

【译文】

柔佛国位于西南海中,境内有东西竺山。柔佛国人用茅草盖屋,以排列整齐的林木作为城墙。不生产粮食,需经常与邻国交易。柔佛国人信佛,斋戒会持续数月之久,其间每天看见星星后才能饮食;他们用刀刺茭苇叶来写字,婚姻也看重门阀。男子剪发、光脚;戴的是用铜丝做骨架、蒙上白布做成的帽子,形状像翻扣的碗;穿短衣短裤,腰围着花巾,刀不离身。妇女留椎形发髻,光脚,穿短衣长裙,肩披丝巾,与苏禄国妇女相似,她们也擅长织席。

047

柔佛国夷人
选自《皇清职贡图》彩绘册页本 （清）傅恒等 编绘
收藏于法国国家图书馆

柔佛国夷妇
选自《皇清职贡图》彩绘册页本 （清）傅恒等 编绘
收藏于法国国家图书馆

大西洋[①]国

　　大西洋，明永乐间，有古里[②]、琐里[③]、忽鲁谟斯[④]凡数十国来朝贡，后多不复至。万历中，西洋人利玛窦航海来中国，自称意大里亚国[⑤]人。本朝康熙六年通朝贡，雍正三年意大里亚教化王来贡，五年博尔都噶尔亚国[⑥]来贡，乾隆十八年复来。其人奉天主教，善行贾，多富厚。肌肤白晳，鼻昂而目深碧，不畜须发，别编义发蒙首，以黑毡折三角为帽，短衣革履，裤袜束迫如行滕[⑦]。妇螺发为髻，领悬金珠宝石，上衣下裳，用锦帕覆背，谓之巾缦。俗重女轻男，相悦为婚，有侨居香山县之澳门者，统以夷目，岁输地租。

【注释】

① 大西洋：为欧洲概称。

② 古里：在今印度南部。

③ 琐里：为南洋岛国。

④ 忽鲁谟斯：今伊朗霍尔木兹岛。

⑤ 意大里亚国：即意大利，意大里亚教化王即罗马教皇。

⑥ 博尔都噶尔亚国：今译葡萄牙。

⑦ 行滕（téng）：绑腿。

【译文】

　　大西洋国，在明朝永乐年间，有古里、琐里、忽鲁谟斯等数十来中国朝贡，之后大多没有再来。万历年间，西洋人利玛窦航海来到中国，自称意大利国人。本朝康熙六年（1667年），大西洋国来朝贡。雍正三年（1725年），意大里亚教化王来朝贡。五年（1727年），博尔都噶尔亚国来朝贡，乾隆十八年（1753年）又来。大西洋国人信奉天主教，擅长经商，多是富有之人。大西洋国人皮肤白皙，男子鼻高目深眼碧，不留胡子和头发，头上另戴假发，戴黑毡三角帽，穿短衣皮鞋，裤袜穿得像绑腿一样。妇女卷发，留发髻；戴用金银珠宝制成的项链，穿衣服配裙子，以绸帕遮盖后背，叫巾缦。大西洋国人重女轻男，男女可自由恋爱结婚，有侨居在广东香山县澳门的，自行管理，每年按时交租。

大西洋国夷人 选自《皇清职贡图》彩绘册页本 （清）傅恒等 编绘 收藏于法国国家图书馆

大西洋国夷妇 选自《皇清职贡图》彩绘册页本 （清）傅恒等 编绘 收藏于法国国家图书馆

大西洋合勒未祭亚省

合勒未祭亚省，属热尔玛尼亚国①中，其人躯体壮阔，极忠义，受德必报。乡内公设学塾，习武备者约居大半。尝有游往他国，彼君上必用为侍卫之属。其地多山，冬月甚冷，善造室。妇人贞静质直，工作精巧，能徒手交错金绒，不用机杼。布最轻细，土生黄金，掘井恒得金块，河底常有豆粒金珠。山产獐鹿兔豹，家畜大牛，以供珍馐。

【注释】

① 热尔玛尼亚国：即 Germania（日耳曼尼亚），为德意志地区的古称。

【译文】

合勒未祭亚省，在热尔玛尼亚国中。此地人，身材高大，极为忠义，有恩必报。乡内设有公立学校，习武者约占大半。他们中到外国的，定会被外国君主雇用为侍卫。此地多山，冬天非常冷，当地男子擅盖房屋。妇女文静耿直，手工精细，不用织布机都能织错金绒布，布在大西洋国中最为轻薄。此地多黄金，挖井时常常能挖到金块，河底常有豆粒一样的金珠。此地山中多产獐鹿兔豹，其家中养大牛，以供饮食。

大西洋合勒未祭亚省夷人
选自《皇清职贡图》彩绘册页本 （清）傅恒等/编绘
收藏于法国国家图书馆

大西洋合勒未祭亚省夷妇
选自《皇清职贡图》彩绘册页本 （清）傅恒等/编绘
收藏于法国国家图书馆

大西洋翁加里亚国[①]

翁加里亚国,在波罗泥亚国[②]南。其人仿佛蒙古,衣服甚短,束缚裤袜,有如行縢。极颖悟,尚礼貌,幼习驰马,短颈善奔。常带弯刀,长四尺,每在马上舞试。妇人能通文字,刺绣工巧,出门必设纱绫蔽面。物产极丰,牛羊可供他州之用,金银铜铁等物取之不竭。

【注释】

① 翁加里亚国:今匈牙利。

② 波罗泥亚国:今波兰。

【译文】

  翁加里亚国,位于波罗泥亚国南边。翁加里亚国人很像蒙古人,穿的衣服很短,裤口很紧,如同绑腿。翁加里亚国人非常聪明,悟性很高,讲究礼仪,从小学习骑快马,那里的马脖子不长但善于奔跑。翁加里亚国男子随身常佩带四尺长的弯刀,经常骑在马背上舞刀。翁加里亚国妇女识字,刺绣精美,出门必佩戴面纱。翁加里亚国物产极为丰富,牛羊不但能自给,还能供应其他地区,金银铜铁等金属矿藏也是取之不竭。

大西洋翁加里亚国夷人　选自《皇清职贡图》彩绘册页本　（清）傅恒等／编绘　收藏于法国国家图书馆

大西洋翁加里亚国夷妇　选自《皇清职贡图》彩绘册页本　（清）傅恒等／编绘　收藏于法国国家图书馆

大西洋波罗泥亚国

波罗泥亚国,在热尔玛尼亚国东。其人仿佛蒙古,有髭①无须,去发存顶,编垂首后。其地寒冷,初秋至初夏皆衣皮裘,如狐貉貂鼠之类,裘长蔽足首,用皮冠。好击剑,家豢熊罴以供戏玩。妇人才能专持家务,内外井井。土产蜂、林、琥珀、牛羊等物。

【注释】

① 髭(zī):唇上之须。

【译文】

波罗泥亚国,位于热尔玛尼亚国东方。此国人很像蒙古人,只唇上留须,剃去除头顶外的头发,编辫子垂在脑后。此地寒冷,从初秋至来年初夏都穿皮衣,皮衣是像狐貉貂鼠一类的皮裘,下摆很长,能盖住脚,戴皮帽。男子喜欢击剑,在家中养熊,用来戏玩。妇女专持家务,家中内外都打理得井井有条。此地有蜂、木、琥珀、牛羊等物产。

大西洋波罗泥亚国夷人 选自《皇清职贡图》彩绘册页本 （清）傅恒等 编绘 收藏于法国国家图书馆

大西洋波罗泥亚国夷妇 选自《皇清职贡图》彩绘册页本 （清）傅恒等 编绘 收藏于法国国家图书馆

大西洋国黑鬼奴

夷人所役黑国奴，即唐时所谓昆仑奴。《明史》亦载荷兰所役名乌鬼，生海外诸岛，初至与之火食，累日洞泄，谓之换肠。或病死，若不死即可久畜。通体黝黑如漆，惟唇红齿白，戴红绒帽，衣杂色粗绒短衫，常握木棒。妇项下系彩色布，袒胸露背，短裙无裤，手足带钏。男女俱结黑革条为履，以便奔走。夷人杂坐，以黑奴进食。食余倾之一器如马槽，黑奴男女以手抟食。夷屋多层楼，处黑奴于下。若主人恶之，锢其终身不使匹配，示不蕃（fán）其类也。

【译文】

西洋人奴役的黑国奴，即唐代称呼的昆仑奴。《明史》记载，荷兰奴役的黑奴名为乌鬼，来自海外诸岛，如果他们刚被抓来就吃熟食就会整日腹泻，荷兰人把这种现象称为换肠。被西洋人抓起来的黑鬼奴有的会病死，活下来的就可以长久蓄养。黑鬼奴通体黝黑如漆，但唇红齿白。黑奴男子戴红绒帽，穿杂色粗绒短衫，经常拿着木棒。妇女脖子系着彩色的布条，袒胸露背，穿短裙，没有裤子，手脚戴着镯子。黑奴男女都穿着黑革条结成的鞋，这种鞋子很方便行走。西洋人坐在席间饮食时，会让黑奴服务。西洋人将残食倒在一个像马槽一样的器具里后，黑奴男女才能用手抓着吃。西洋人居住高楼之上，黑奴住最底层。如果哪个黑奴被西洋主人讨厌的话，就会被终身监禁且不给他婚配，不让他繁衍后代。

大西洋国黑鬼奴 选自《皇清职贡图》彩绘册页本 （清）傅恒等／编绘 收藏于法国国家图书馆

大西洋国黑鬼奴妇 选自《皇清职贡图》彩绘册页本 （清）傅恒等／编绘 收藏于法国国家图书馆

大西洋国女尼

大西洋有教化、治世二王①，贸易者皆治世类，夷僧则教化类也。奉天主耶稣像，夷人敬信之，有大事疑狱不能决，必请命焉。其法王削发留须，戴青斗帽，衣缁衣，出入张盖，树幡幢，僧雏卫之。男女见者，辄跪捧足，俟过乃起。凡通晓天官家言，曾游京师者，皆留髭须，解华语，能制仪器。

大西洋国女尼，以白布缠领及胸，缁缦缁衣，革带革履，夷人敬奉尤甚于僧，一女为尼，一家皆为佛眷。家人罹重辟，得尼片纸，立宥之。然其始必捐千金归公，既入寺，则终身不出。其在澳门者，僧居三巴寺、龙松庙等处。尼亦别立寺庙，朝戒律颇严。

【注释】

① 教化、治世二王：即教皇与国王。

【译文】

　　大西洋国有国王、教皇两种王，商人都归国王管理，教士则归教皇管理。大西洋国人信仰天主教，供奉耶稣，遇到大事或司法审判不能决定的时候，必会请神降旨来帮忙。教皇剃发留须，头戴青色尖斗帽，穿黑衣，出入宫殿时打伞盖，树经幡，并由小教士侍卫。平民百姓见到教皇，则下跪并用双手捧着教皇的脚，等教皇走过才起身。有一些西洋教士通晓天文知识，他们曾经来到京师，都留着髭须，懂汉语，能制作各种仪器。

　　大西洋国的女教士，领口和胸口都缠着白布，穿黑衣披黑袍，系皮带穿皮鞋。西洋人敬奉女教士甚至要超过男教士。如果一家中有位女教士，这家人都会得到眷顾。这家人中要是有人得了重病，只要女教士的一片纸就能治好。但是想当女教士不容易，开始时必须捐出千金，而且进入教堂后，终身不能还俗。在澳门，教士们居住在三巴教堂、龙松教堂等处。女教士有专门的教堂，戒律颇为严格。

大西洋国夷僧
选自《皇清职贡图》彩绘册页本 （清）傅恒等／编绘
收藏于法国国家图书馆

大西洋国女尼
选自《皇清职贡图》彩绘册页本 （清）傅恒等／编绘
收藏于法国国家图书馆

小西洋国[①]

小西洋去中土万里,属于大西洋,遣夷目守之。衣冠状貌与大西洋略同,常披氅衣,藏兵器。夷妇青帕蒙头,着长衣,围锦幅于前,折袖革履,喜执绣谱以习针黹[②]。

【注释】

① 小西洋国:对欧洲殖民地的概称。

② 黹(zhǐ):缝纫,刺绣。

【译文】

小西洋国,离中国有万里之远,隶属于大西洋国,并由大西洋国派遣官员驻守。小西洋国男子服饰与大西洋国相似,常披长衣,里面藏有兵刃。妇女用青帕蒙头,穿长衣,前面围织锦,折袖,穿皮鞋,喜欢对照绣谱来学习针线活儿。

小西洋国夷人 选自《皇清职贡图》彩绘册页本 （清）傅恒等/编绘 收藏于法国国家图书馆

小西洋国夷妇 选自《皇清职贡图》彩绘册页本 （清）傅恒等/编绘 收藏于法国国家图书馆

荷兰国

荷兰，又名红毛番，地近佛郎机。明万历间，常驾大舰泊香山澳，求贡市不果，已而入闽，据彭湖侵台湾地。国朝顺治十年，始由粤通贡。康熙初，助大兵征台有功，嗣后贡市不绝，其贡道改由福建。夷人黑毡为帽，遇人则免冠挟之，以为礼，着锦绣绒衣，握鞭佩剑。夷妇青帕蒙头，领围珠石，肩披巾缦，敞衣露胸，系长裙，以朱革为履。其地有咖喇吧，为南洋之会。又析其名曰瑞、曰英吉利①。

【注释】

① 又析其名曰瑞、曰英吉利：与史实不符合，为谬误。

【译文】

荷兰国，又名红毛番，地理位置靠近佛郎机国。明朝万历年间，荷兰国人经常驾驶大船在广东香山县的澳门港口停泊，请求朝贡和贸易，未果，便进入福建海域，侵占了澎湖列岛和台湾岛。本朝顺治十年（1653年），才从广东向中国朝贡。康熙初年，荷兰国曾助清军平定台湾，有功劳，此后朝贡没有断过，改由福建入贡。荷兰国男子戴黑毡帽，遇到人打招呼时摘下帽子，用胳膊夹着，当作礼节；身穿锦绣绒衣，手握鞭子，腰佩长剑。妇女用青布蒙头，领口围有珠宝，肩披丝巾，宽衣露胸，系长裙，穿红色皮鞋。荷兰国的殖民地咖喇吧，是南洋的大都会。又有分析认为，荷兰国就是瑞国或英吉利国。

荷兰国夷人　选自《皇清职贡图》彩绘册页本　（清）傅恒等／编绘　收藏于法国国家图书馆

荷兰国夷妇　选自《皇清职贡图》彩绘册页本　（清）傅恒等／编绘　收藏于法国国家图书馆

英吉利国

英吉利亦荷兰属国①,夷人服饰相似。国颇富,男子多着哆啰绒,喜饮酒。妇人未嫁时束腰,欲其纤细;披发垂肩,短衣重裙,出行则加大衣,以金缕合贮鼻烟,自随。

【注释】

① 英吉利亦荷兰属国:与史实不符,为谬误。

【译文】

英吉利也是荷兰的属国,两国服饰相似。英吉利国颇为富有,男子多穿哆啰绒衣服,喜欢喝酒。妇女在未出嫁时有束腰的习俗,以此来使腰显得纤细;披发垂肩,上穿短衣,下穿重裙,外出时则套大衣,并随身携带装在金银盒子里的鼻烟。

英吉利国夷人　选自《皇清职贡图》彩绘册页本　（清）傅恒等／编绘　收藏于法国国家图书馆

英吉利国夷妇　选自《皇清职贡图》彩绘册页本　（清）傅恒等／编绘　收藏于法国国家图书馆

法兰西①国

法兰西,一曰弗郎西,即明之佛郎机也。自古不通中国。正德中,遣使请封贡不果,后遂阑入②香山之澳门。其人强横,精兵械,屡破吕宋、满剌加,与红毛中分美洛居,尽擅闽粤海上之利。初奉佛教,后奉天主教,故澳门市易为大西洋所据。其酋居吕宋者,近与红毛之英吉利争雄长,而法兰西亦稍弱焉。夷人冠白巾,加黑毡帽,亦以脱帽为礼。其服饰与大小西洋、吕宋略同。夷妇妆束亦颇与荷兰诸国相类。

【注释】

① 法兰西:今法国。

② 阑(lán)入:擅自闯入。

【译文】

　　法兰西,又叫弗郎西,即明朝时的佛郎机,自古不通中国。明朝正德年间,此国派遣使臣,请求向中国朝贡,未果,后擅入广东香山县的澳门地区。此国人强横野蛮,擅长制造兵器,多次攻破吕宋、满剌加,与荷兰人平分美洛居,占尽广东、福建海上贸易的便利。此国最初信佛,后信天主教,所以它在澳门的外贸被大西洋国抢夺。此国的长官住在吕宋岛。近年来,此国与荷兰的属国英吉利在海上争霸,因此实力被削弱不少。此国男子头围白色头巾,加戴黑色毡帽,见人也脱帽行礼。此国人的服装打扮与大小西洋国、吕宋的相似。妇女装束也与荷兰等国相似。

法兰西国夷人 选自《皇清职贡图》彩绘册页本 （清）傅恒等/编绘 收藏于法国国家图书馆

法兰西国夷妇 选自《皇清职贡图》彩绘册页本 （清）傅恒等/编绘 收藏于法国国家图书馆

瑞国[1]

瑞亦荷兰属国,贸易于粤。其人脱帽为礼,与荷兰相类。短衣革履,常执藤鞭卫身。夷妇方领露胸,衣外束裙,折袖舒袂,以革为履,底缀方木似屐。喜以金缕合贮鼻烟,时时吸之。

【注释】

① 瑞国:即瑞典,"瑞亦荷兰属国"与史实不符,为谬误。

【译文】

瑞国也是荷兰国的属国,在广东与中国进行贸易。瑞国人也行脱帽礼,与荷兰相似。男子穿短衣皮鞋,常携带着藤鞭,用来防身。妇女穿方领衣,露胸,方领衣外面有裙子,袖口折回,衣袖宽大;穿皮鞋,鞋底类似木屐。瑞国人喜欢用金银盒来装鼻烟,不时便吸。

069

瑞国夷人
选自《皇清职贡图》彩绘册页本 （清）傅恒等／编绘
收藏于法国国家图书馆

瑞国夷妇
选自《皇清职贡图》彩绘册页本 （清）傅恒等／编绘
收藏于法国国家图书馆

俄罗斯①国

俄罗斯地在极北,汉时之坚昆、丁令,唐时之黠戛斯、骨利干,元时之阿罗思、吉利吉斯等部皆其地也。有明三百年未通中国,本朝康熙十五年入贡。二十八年,遣内大臣索额图等与其使臣费耀多罗等,定以格尔必齐河为界②,自后朝贡贸易每间岁一至。其夷官披发,戴三角黑毡帽,穿窄袖短衣,履革靴,出必佩剑。官妇则戴红顶三角帽,系五色长筒裙,披织锦无袖短衣,或以貂皮为里。俗以去发为姣好,以免冠为恭敬。

俄罗斯地有八道,称为"斯科"。每一斯科又各分小斯科,俱设官管辖。其民聚处城堡,居止有庐舍,水陆有舟车,服毡罽,喜饮酒,屑麦为饼,不饭食。性矜夸贪得。尚浮屠③,自国王至庶民有四季大斋数十日。

【注释】

① 俄罗斯:当时为沙皇俄国。

② 以格尔必齐河为界:即1689年中俄双方签订《尼布楚条约》时约定的国界。

③ 尚浮屠:与史实不符合,为谬误。

【译文】

俄罗斯在极北之地,汉代的坚昆、丁令,唐代的黠戛斯、骨利干,元代的阿罗思、吉利吉斯等部族,都生活在这个地方。整个明朝都没有与中国相通,本朝康熙十五年(1676年)俄罗斯向中国入贡。康熙二十八年(1689年),皇上派遣内大臣索额图等与其使臣费耀多罗等商定,以格尔必齐河为

071

俄罗斯国夷官 选自《皇清职贡图》彩绘册页本 （清）傅恒等／编绘 收藏于法国国家图书馆

俄罗斯国官妇 选自《皇清职贡图》彩绘册页本 （清）傅恒等／编绘 收藏于法国国家图书馆

双方国界，此后每隔年朝贡一次。俄罗斯国官员披发，戴三角黑毡帽，穿窄袖短衣和皮靴，外出必佩剑。官妇则戴红顶三角帽，系五色长筒裙，披织锦无袖短衣，有时用貂皮制作衣服衬里。俄罗斯国以剃须为美，以脱帽表示恭敬为风俗。

俄罗斯国行政区域名称为"斯科"，相当于中国的"道"，共有八个。每一个大斯科又各分为众多的小斯科，都有官员管理。俄罗斯国人聚集在城堡里，居住只有屋子，出行有船有车。他们穿毛毡，喜欢喝酒，用小麦粉做面包，不吃米饭。俄罗斯人性情狂傲，爱自夸，贪得无厌。信佛，从国王到庶民，一年要斋戒数十天。

073

俄罗斯国夷人
选自《皇清职贡图》彩绘册页本 （清）傅恒等/编绘
收藏于法国国家图书馆

俄罗斯国夷妇
选自《皇清职贡图》彩绘册页本 （清）傅恒等/编绘
收藏于法国国家图书馆

亚利晚国[1]

亚利晚国在西洋，与回回国相近。天气温和，风俗淳厚。夷人戴八角帽，着长衣，采色相间，文如柳条，窄袖束腰，蹑革履。夷妇披发不笄，以青帕蒙首及背，领饰金银，着长衣，常持盥（guàn）器，善事女工。

【注释】

① 亚利晚国："亚利晚"可能是"雅利安"音译，是对西亚一带民族的统称。

【译文】

亚利晚国地理位置位于西洋之中，与回回国相邻。亚利晚国气候温和，民风淳朴。亚利晚国男子戴八角帽，穿彩色柳条样花纹的长衣，窄袖，束腰，穿皮鞋。妇女披发不笄，以青帕蒙头和背，领口装饰着金银，穿长衣，常常拿着盥洗器具，善做女工。

亚利晚国夷人
选自《皇清职贡图》彩绘册页本 （清）傅恒等／编绘
收藏于法国国家图书馆

亚利晚国夷妇
选自《皇清职贡图》彩绘册页本 （清）傅恒等／编绘
收藏于法国国家图书馆

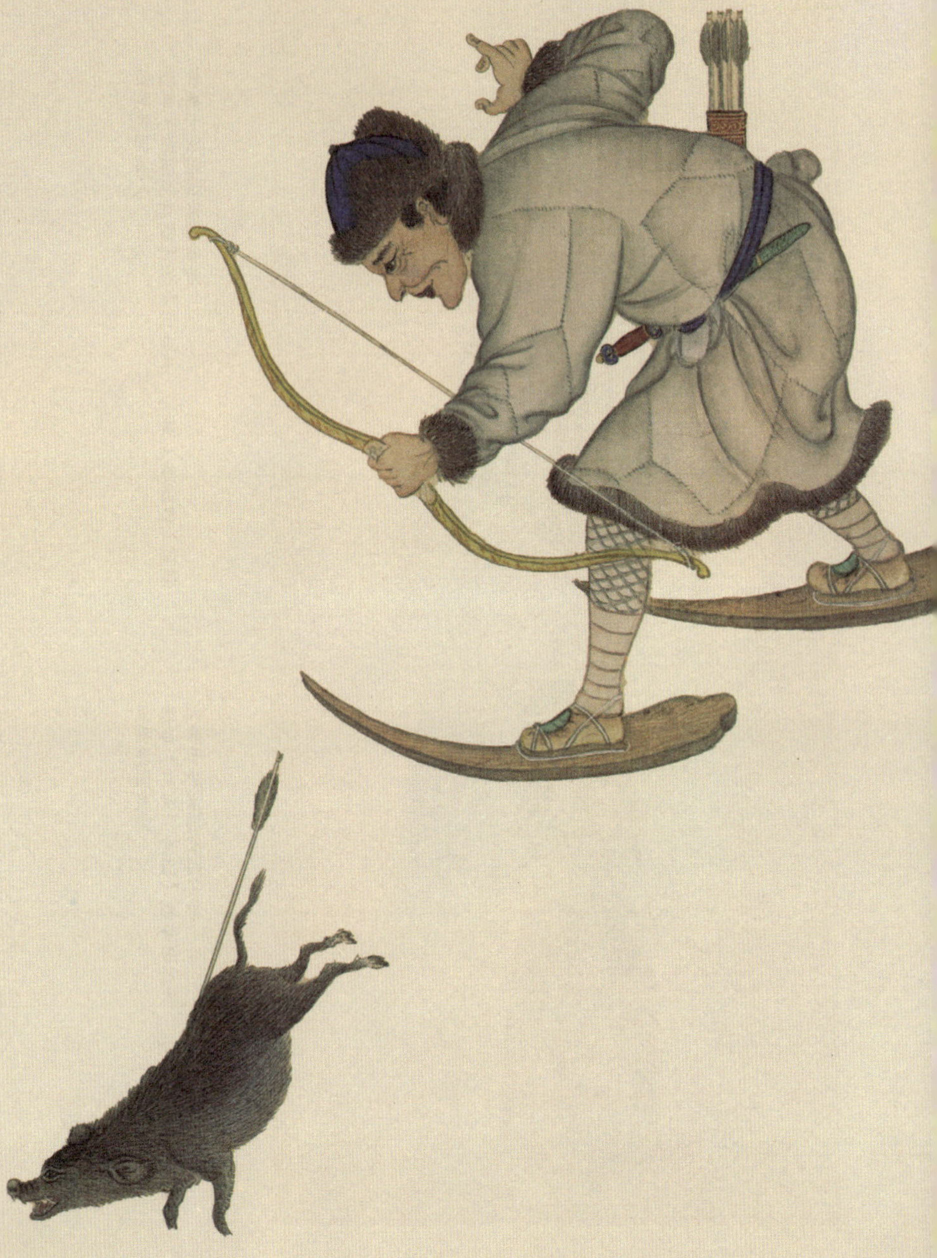

关东卷

鄂伦绰[1]

宁古塔[2]之东北海岛一带。《唐书》所云：少海[3]之北，三面阻海，人依屿散居，有鱼盐之利者。人有数种，鄂伦绰其一也。在近海之多罗河、强黔山游牧，男女皆披发跣足，以养角鹿捕鱼为生。所居以鱼皮为帐，性懦弱，岁进貂皮。

【注释】

① 鄂伦绰：即今鄂伦春族，分布在内蒙古和黑龙江。

② 宁古塔：源于宁古台，意为"六个"。相传是清太祖努尔哈赤曾祖父福满六个儿子的居住地，故称为"宁古塔贝勒"，简称"宁古塔"。位于现黑龙江省海林市，是清朝统治东北边疆地区的重镇，为清朝吉林三边（宁古塔、三姓、珲春）之首。后辖域缩小，现存旧城遗址。

③ 少海：即渤海。

【译文】

鄂伦绰位于宁古塔东北的海岛一带。《唐书》记载，渤海之北，三面朝海，那里的人散居海岛，以捕鱼煮盐获利为生。那里有多个民族聚居，鄂伦绰便是其中之一。鄂伦绰人在近海的多罗河、强黔山游牧，男女都披发光脚，以养角鹿捕鱼为生。他们住在鱼皮帐篷中，性格懦弱，每年向朝廷进贡貂皮。

鄂伦绰人 选自《皇清职贡图》彩绘册页本 （清）傅恒等／编绘 收藏于法国国家图书馆

鄂伦绰妇 选自《皇清职贡图》彩绘册页本 （清）傅恒等／编绘 收藏于法国国家图书馆

奇楞[①]

奇楞，在宁古塔东北二千余里亨滚河[②]等处。性强悍，以捕鱼打牲为业。男女衣服皆鹿皮、鱼皮为之。无书契，其土语谓之"奇楞话"，岁进貂皮。

【注释】

① 奇楞：意为"住在江边的人"，是赫哲族的一支。
② 亨滚河：又记载为恒滚河、兴衮河，是黑龙江下游主要支流。

【译文】

奇楞，居住在宁古塔东北二千余里的亨滚河一带。他们性情强悍，以捕鱼打猎为生。男女都穿着鹿皮、鱼皮做的衣服。他们没有文字，所说方言称为"奇楞话"，每年向朝廷进贡貂皮。

奇楞
选自《皇清职贡图》彩绘册页本　（清）傅恒等／编绘
收藏于法国国家图书馆

奇楞妇
选自《皇清职贡图》彩绘册页本　（清）傅恒等／编绘
收藏于法国国家图书馆

库野[1]

库野，居东海岛之雅丹达里堪等处。男则剃顶心，以前之发而蓄其后，长至肩即截去。草笠布衣，缀红布"卍"字于肩背间，亦有衣鱼皮者。性好斗，出必怀利刃。妇女幼时即以针刺唇，用烟煤涂之，土语谓之"库野话"，岁进貂皮。

【注释】

① 库野：即今尼夫赫人，分布在今黑龙江下游到库页岛北部的区域。

【译文】

库野，居住在东海雅丹达里堪岛等地方。库野男子剃去顶心头发，并将额头的头发拢到后面去，头发要等长到肩膀才剪去。他们戴草笠，穿布衣，肩背的衣服上另有用红布绣"卍"字的花纹，也穿鱼皮衣服。他们性情好斗，出门怀里必定揣着利刃。妇女年幼时就用针刺唇，并用烟煤染色。当地方言为库野话，每年向朝廷进贡貂皮。

库野
选自《皇清职贡图》彩绘册页本 （清）傅恒等 编绘
收藏于法国国家图书馆

库野妇
选自《皇清职贡图》彩绘册页本 （清）傅恒等 编绘
收藏于法国国家图书馆

费雅喀①

费雅喀,在松花江极东沿海岛散处,以渔猎为生。男女俱衣犬皮,夏日则用鱼皮为之,性悍好斗,出入常持兵刃,岁进貂皮。

【注释】

① 费雅喀:清朝划分的四十一个民族中的一支,散居在黑龙江下游和库页岛上。

【译文】

费雅喀人,在松花江最东边的海岛沿岸散居,以打鱼狩猎为生。费雅喀人除了夏天穿鱼皮衣服以外,其他季节都穿狗皮衣服,性情凶悍好斗,出入常带兵刃,每年向朝廷进贡貂皮。

费雅喀 选自《皇清职贡图》彩绘册页本 （清）傅恒等/编绘 收藏于法国国家图书馆

费雅喀妇 选自《皇清职贡图》彩绘册页本 （清）傅恒等/编绘 收藏于法国国家图书馆

恰喀拉[1]

恰喀拉，散处于浑春沿东海及富沁岳色等河。男女俱于鼻旁穿环，缀寸许银铜人为饰。男以鹿皮为冠，布衣跣足。妇女则披发不笄，而襟衽间多刺绣纹。其屋庐舟船俱用桦皮。俗不知网罟（gǔ），以叉鱼射猎为生，性游惰，无蓄积。土语谓之"恰喀拉话"，岁进貂皮。

【注释】

① 恰喀拉：即恰喀拉族，是清代东北地区的少数民族一支，与满族有着共同的种族祖先。19世纪中期第二次鸦片战争期间，沙皇俄国趁火打劫，掠夺了黑龙江流域100多万平方公里土地，恰喀拉人的主体部分随土地一起被割让出去。自此以后，中国境内的恰喀拉人逐渐融入满族、赫哲族，并逐渐汉化；俄罗斯境内的恰喀拉人则被定名为乌德盖人。据2002年全俄人口普查，乌德盖人口数量约为1700人。

【译文】

恰喀拉人，散居在浑春河沿东入海一带以及富沁、岳色等河岸。恰喀拉男女都戴鼻环，并挂上寸余大小的小银人或小铜人来装饰。恰喀拉男子戴鹿皮帽，着布衣，不穿鞋。妇女则披发不笄，多穿衣襟处刺有绣纹的衣服。他们用桦树皮制作房屋和舟船。他们不会撒网捕鱼，以用鱼叉捕鱼和射猎为生，性情游散懒惰，没有物资积蓄。他们的方言叫恰喀拉话，每年向朝廷进贡貂皮。

恰喀拉 选自《皇清职贡图》彩绘册页本 （清）傅恒等/编绘 收藏于法国国家图书馆

恰喀拉妇 选自《皇清职贡图》彩绘册页本 （清）傅恒等/编绘 收藏于法国国家图书馆

七姓

七姓，在三姓①之西二百余里之乌扎拉洪科等处，性多淳朴。地产荞麦，虽知耕种，而专以渔猎为生。遇冬月冰坚，则足踏木板溜冰而射。其妇女亦善伏弩捕貂，衣帽多以貂为之。土语谓之"乌迪勒话"，岁进貂皮。

【注释】

① 三姓：在今黑龙江省哈尔滨市依兰县。七姓不明。

【译文】

七姓人，居住在三姓人西边二百余里的乌扎拉洪科等地方，性情多淳朴。当地产荞麦，七姓人虽知耕种，但专门以渔猎为生。等到冬天河水结冰，他们就踩着木橇溜冰去射猎。七姓妇女也擅长用弩射貂，所以，他们穿的衣帽多为貂皮制成。他们的方言叫乌迪勒话，每年向朝廷进贡貂皮。

七姓

选自《皇清职贡图》彩绘册页本 （清）傅恒等/编绘

收藏于法国国家图书馆

七姓妇

选自《皇清职贡图》彩绘册页本 （清）傅恒等/编绘

收藏于法国国家图书馆

赫哲

赫哲,所居与七姓地方之乌扎拉洪科相接,性强悍,信鬼怪。男以桦皮为帽,冬则貂帽狐裘,妇女帽如兜鍪(móu),衣服多用鱼皮,而缘以色布,边缀铜铃,亦与铠甲相似。以捕鱼射猎为生。夏航大舟,冬月冰坚则乘冰床,用犬挽之。其土语谓之"赫哲话",岁进貂皮。

【译文】

赫哲人,居住之地与七姓的乌扎拉洪科相连,性格强悍,迷信鬼神。男子戴桦树皮帽,冬天戴貂帽,披狐裘。妇女所戴帽子如头盔,多穿鱼皮衣服,边缘有彩色布条,挂着铜铃,类似于铠甲。赫哲人以捕鱼射猎为生。他们夏天划大船,冬天则坐狗拉冰橇过结冰的河床。他们的方言叫赫哲话。每年向朝廷进贡貂皮。

赫哲 选自《皇清职贡图》彩绘册页本 （清）傅恒等/编绘 收藏于法国国家图书馆

赫哲妇 选自《皇清职贡图》彩绘册页本 （清）傅恒等/编绘 收藏于法国国家图书馆

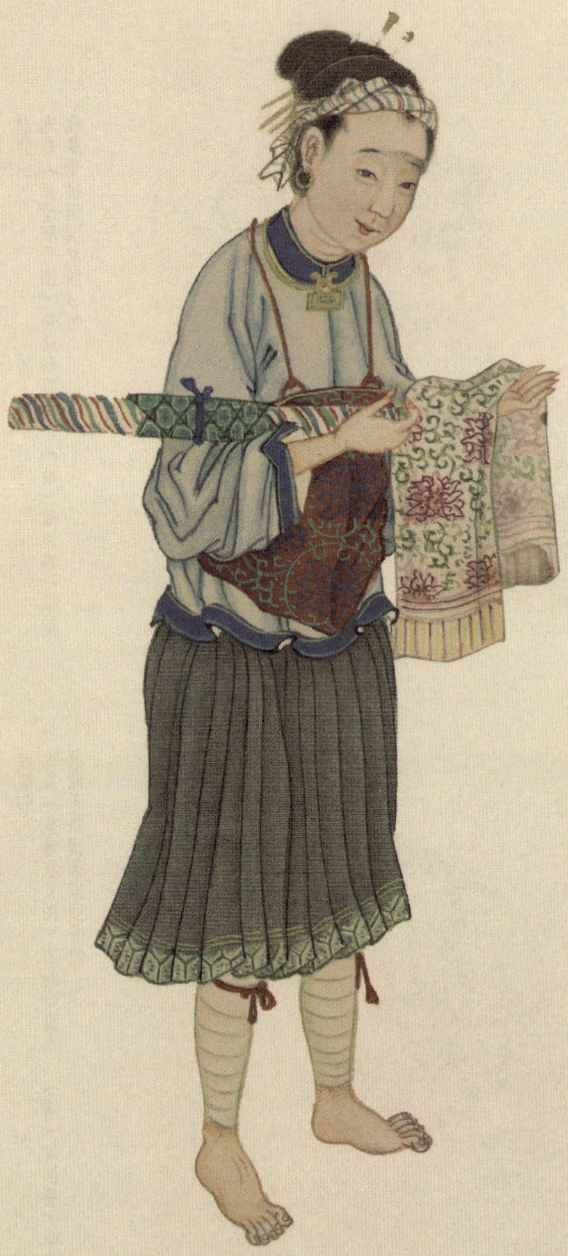

闽台卷

罗源县畲民

福州府属罗源等县畲（shē）民，即粤之瑶人。《福建通志》云："汀瑶人与虔、漳、潮、浔接壤，以盘、蓝、雷为姓。"又《连江志》："畲民，五溪盘瓠①之后也。"《桂海虞衡志》谓之"瑶"。今居罗源者，衹②蓝雷二姓，相为婚姻。或云海南民蓝奇雷声随王审知③入闽，因居罗源村中，然不可考。

其习俗诚朴，与土著无异，无酋长统辖，多在荒僻山巅，结茅为屋。男女相助力作，采薪捕鱼以供食用。男椎髻短衣，荷笠携锄。妇挽髻，蒙以花布，间有戴小冠者，贯绿石如数珠垂两鬓间，围裙着履，其服多以青蓝布。

【注释】

① 盘瓠（hù）：也记为槃瓠、盘护，古代神话中人名。据《后汉书·南蛮传》《搜神记》等记载，远古帝喾（kù，黄帝曾孙，高辛氏，五帝之一）时，有老妇得耳疾，挑之，得物大如茧。妇人盛于瓠中，覆之以盘，顷化为龙犬，其文五色，因名盘瓠。后盘瓠助帝喾取犬戎吴将军头，帝喾将小女儿嫁给他。负而走入南山，生六男六女，自相配偶。其后子孙繁衍，成为畲族与瑶族的祖先。

② 衹（zhǐ）：仅，只有。

③ 王审知：五代十国时期人，闽国建立者。

【译文】

福州府罗源县等地的畲民，就是广东的瑶人。《福建通志》记载:"瑶人居住在福建的汀州,与江西虔州、福建漳州、广东潮州、广西浔州等地接壤,以盘、蓝、雷等作为姓氏。"《连江志》也记载:"畲民是古代传说中五溪盘瓠的后代。"《桂海虞衡志》称为"瑶人"。现在居住罗源县的畲民只有蓝、雷二姓,互相通婚。又有说法是,海南人蓝奇、雷声随王审知入闽时在罗源村定居繁衍,但这种说法不可考证。

畲民向来诚实淳朴,与当地人无异,没有酋长管理,多住在荒僻山顶的茅屋。畲民男女协力劳动,以打柴捕鱼来维持生活。男子椎髻,穿短衣,背斗笠扛锄头。妇女挽发髻,并蒙花布;也有戴小帽子的女子,小帽子上面挂着用几颗绿松石穿成的串,垂在两鬓之间;围着裙子穿着鞋;她们的衣服多用青蓝布制成。

罗源县畲民 选自《皇清职贡图》彩绘册页本 (清)傅恒等/编绘 收藏于法国国家图书馆

罗源县畲民妇 选自《皇清职贡图》彩绘册页本 (清)傅恒等/编绘 收藏于法国国家图书馆

台湾县大杰巅等社熟番[1]

台湾自古不通中国，本朝始入版图，番民有生熟二种，聚居各社，如内地之村落，不设土司，众推一人约束。其大杰巅等社，熟番编竹木为墙，屋盖以茅茨，土基甚高，入室必以梯。男剪发，束以红帛，衣用布二幅，联如半臂，垂尺许于肩肘，腰围花布，寒衣曰缦披，其长覆足。妇衣亦然，俱以铜铁环束两腕，或叠至数十，各县社番多有之。嚼米为酒[2]，恒携黄梨以佐食。男女相悦即野合。《府志》称各社终身依妇以处，赘婿即为子孙。岁输丁赋七十余两。其新港、卓猴二社，旧属诸罗[3]，今改隶台湾县治。

【注释】

① 熟番：清朝对纳入治理的台湾原住民的称呼。1716年闽浙总督觉罗满保向康熙皇帝报告的题本《生番·归化疏》中，首次以"熟番"一词来指称归化的生番。熟番大多生活在台湾岛西部的平原、丘陵地带。

② 嚼米为酒：早期酒类制作工艺，日本也有这种古法酿造工艺。

③ 诸罗：今台湾省嘉义市。

【译文】

台湾县自古未纳入中原王朝的有效管理中，到现在才并入本朝版图。台湾县有生熟两种番民，聚居各社，如内地的村落，不设土司，只由众人推举一名首领管理。在大杰巅等社，熟番编竹木栅栏为墙，屋顶盖上茅草，房屋地基很高，进屋必须凭借梯子。男子剪发，用红绸束头；穿短袖，袖口宽约一尺，垂在肩肘间；腰间围花布，冬衣为缦披，可以盖住脚。妇女穿衣服同男子，手腕戴铜、铁环，有时会堆叠到数十个，各社的原住民大多如此。他们嚼米来酿酒，总用凤梨来佐食。男女互相爱慕就可以结为夫妻。《府志》记载，大杰巅各社中，男方随女方居住，入赘者即为他们的后代。大杰巅等社，每年缴纳丁赋税七十余两。其中，新港、卓猴二社旧属诸罗县，今改隶台湾县。

台湾县大杰巅等社熟番民
选自《皇清职贡图》彩绘册页本
收藏于法国国家图书馆
（清）傅恒等／编绘

台湾县大杰巅等社熟番妇
选自《皇清职贡图》彩绘册页本
收藏于法国国家图书馆
（清）傅恒等／编绘

凤山县①放索等社熟番

放索等社熟番，相传为红毛②种类，康熙三十五年归化。其人善耕种，地产香米。男以鹿皮蔽体，或披毡敞衣。女着衣裙，喜悬螺贝于项间，腕束铜环而跣足，捕鹿必听鸟音，以占得失。婚娶名曰牵手，女及笄构屋独居，番童以口琴挑之，喜则相就。遇吉庆辄艳服，簪野花，连臂踏歌名曰番戏。疾病不事医药，用冷水浴之，茄藤、力力等社皆然。岁输丁赋三百四十九两零。

【注释】

① 凤山县：今中国台湾省高雄市西南部的凤山区。

② 红毛：即荷兰人。

【译文】

放索等社的熟番，相传为西洋荷兰人的后代，康熙三十五年（1696年）归顺朝廷。他们善于耕种，产香米。男子穿鹿皮或披毡制的大衣。妇女穿衣裙，喜欢在脖子上佩戴螺贝项链；手戴铜环，不穿鞋；捕鹿时定要通过鸟叫声来占卜得失。他们的婚姻叫牵手，女子成年后建房独居，男孩用口琴取悦她们，互相爱慕就能成婚。在吉庆时，他们会穿好看的衣服，簪野花，连臂踏歌，名为番戏。他们生病时不用医药，而是去洗冷水澡，茄藤、力力等社也是这样。放索等社每年缴纳丁赋三百四十九两。

凤山县放索等社熟番
选自《皇清职贡图》彩绘册页本 （清）傅恒等／编绘
收藏于法国国家图书馆

凤山县放索等社熟番妇
选自《皇清职贡图》彩绘册页本 （清）傅恒等／编绘
收藏于法国国家图书馆

诸罗县诸罗等社熟番

诸罗山社,相传亦红毛种类,风俗物产与凤山放索等社相似。男番首插雉尾,以树皮绩为长衫,夏常裸体。女盘发,缀小珠,覆以布帕,项围白螺珊瑚为饰。又男番喜穿耳,纳竹圈于中,渐易大者,久之将垂及肩,乃实以圆木或嵌螺钱,各县社番多有之。诸罗社在县西,其打猫社、他里雾社、柴里社俱在县北。

【译文】

诸罗山社的番民相传也是西洋荷兰人的后裔,那里风俗物产与凤山放索等社类似。男子头上插野鸡尾羽毛,穿树皮制成的长衫,夏天经常裸体。妇女盘发,缀小珠,蒙布帕,戴白螺珊瑚制成的项链。还有男子喜欢打耳洞,并塞上竹圈,由此耳洞越撑越大,久之,耳垂几乎能垂到肩膀,然后塞圆木,有的或镶嵌螺壳,各县的原住民大多有这种习俗。诸罗社在县城以西,打猫社、他里雾社、柴里社都在县城以北。

诸罗县诸罗等社熟番
选自《皇清职贡图》彩绘册页本　（清）傅恒等/编绘
收藏于法国国家图书馆

诸罗县诸罗等社熟番妇
选自《皇清职贡图》彩绘册页本　（清）傅恒等/编绘
收藏于法国国家图书馆

诸罗县箫垄等社熟番

诸罗县南曰箫垄社、曰加溜湾社、曰麻豆社、曰哆咯啯社，服饰大略与诸罗等社同。男以竹片束腰，曰箍肚，欲其渐细。能截竹为箫，长二三尺，以鼻吹之。岁时，妇女多以糍饵①相馈饷。又按《府志》："哆罗啯社男女成婚后，俱折去上齿各二，彼此谨藏，盖亦终身不改之意云。"凡诸罗县各社，岁输丁赋一百八十余两。

【注释】

① 糍饵：糍粑、饵块。

【译文】

诸罗县南边，有箫垄社、加溜湾社、麻豆社、哆咯啯社，这些地方的人服饰与诸罗等社大略相同。男子以竹片束腰，名为箍肚，希望能使腰变细。他们能制长二三尺的竹箫，并用鼻子吹奏。过年时，妇女多制作糍饵，并互相馈赠。此外，按《府志》记载："哆罗啯社男女成婚后，各自拔取上牙两颗，相互珍藏，大概是寓意终身不改。"诸罗县各社每年缴纳丁赋税一百八十余两。

诸罗县箫垄等社熟番 选自《皇清职贡图》彩绘册页本 （清）傅恒等/编绘 收藏于法国国家图书馆

诸罗县箫垄等社熟番妇 选自《皇清职贡图》彩绘册页本 （清）傅恒等/编绘 收藏于法国国家图书馆

彰化县^①大肚等社熟番

彰化县属土番,滨海倚山,种类蕃杂,共五十社。其大肚等社番皆以渔猎为业,善镖箭,竹弓竹矢,缚以铁镞^②,亦勤耕作。番妇则携饮食饷之,暇日或至县贸易。

【注释】

① 彰化县:今中国台湾省彰化县,位于台湾岛中部。

② 镞(zú):箭头。

【译文】

彰化县是土著区,面海靠山,居民族群繁杂,共有五十个社。其中,大肚等社的男子都以渔猎为业,擅长飞镖和射箭,用的是竹弓竹箭,把铁的箭头绑在竹箭上,也勤于耕作。妇女则负责为男人做饭送饭,闲暇的时候也去县城贸易。

彰化县大肚等社熟番
选自《皇清职贡图》彩绘册页本 （清）傅恒等／编绘
收藏于法国国家图书馆

彰化县大肚等社熟番妇
选自《皇清职贡图》彩绘册页本 （清）傅恒等／编绘
收藏于法国国家图书馆

彰化县西螺等社熟番

西螺等社熟番居处,服饰与大肚等社相似。其人矫捷,束腹,奔走,接递文移,官给以饩①。番妇常挈子女赴县,用谷帛相贸易。凡彰化县各社,岁计输丁赋四百六十三两。

【注释】

① 饩(xì):给养俸禄。

【译文】

西螺等社,为熟番的居住地,他们的服饰与大肚等社类似。男子身手矫健,束腰,擅长奔跑,所以被官府雇来投递文书,官府会给他们发放俸禄。妇女常携带着子女到县城贩卖粮食、布匹。彰化县各社每年缴纳丁赋四百六十三两。

彰化县西螺等社熟番
选自《皇清职贡图》彩绘册页本 （清）傅恒等/编绘
收藏于法国国家图书馆

彰化县西螺等社熟番妇
选自《皇清职贡图》彩绘册页本 （清）傅恒等/编绘
收藏于法国国家图书馆

淡水厅①、德化等社熟番

淡水厅,以台防同知②驻札③,故名。德化、蓬山、吞霄、中港四社在同知所驻竹堑城之北。其地滨洋下湿,结茅成屋,或以板为之。饭以黍米,卤浸鱼虾供馔。男妇皆短衣,腰围幅布,并力耕作。亦事渔猎,暇则吹竹笛、弹竹琴以为乐。

【注释】

① 淡水厅:全称淡水分防厅,竹堑城为淡水厅治所。

② 同知:明清时期的官名。为知府副职,每府因事设一二人,负责分掌地方盐、粮、捕盗、水利、抚绥民夷等事务。知州的副职称为州同知,分掌本州内诸事务。

③ 驻札:即驻扎。

【译文】

淡水厅社,因台湾县防务同知驻扎淡水分防厅,故此得名。德化、蓬山、吞霄、中港四社在竹堑城的北边。该地区靠近海边,地势低洼潮湿,当地人用茅草搭建屋子,有的人有意用木板隔绝下面的湿气。居民用茅草或木板建房屋,他们以黍米配卤浸鱼虾为食。男女都穿短衣,腰围幅布,协力耕作。他们也渔猎,闲暇时则以吹竹笛、弹竹琴为娱乐。

淡水厅、德化等社熟番
选自《皇清职贡图》彩绘册页本 （清）傅恒等/编绘
收藏于法国国家图书馆

淡水厅、德化等社熟番妇
选自《皇清职贡图》彩绘册页本 （清）傅恒等/编绘
收藏于法国国家图书馆

淡水厅、竹堑等社熟番

竹堑城为台防同知驻扎之地,竹堑社在城北五里,其南坎社、淡水内外社俱在城南甚远,风俗与德化等社相似。男剪发齐额,或戴竹节帽,素衣绣缘如半臂,下体围花布。妇盘髻,约以朱绳,衣亦如男,常携葫芦汲水蒸黍。凡淡水各社熟番俱与通事①贸易,岁输丁赋二百六十余两,皮税一两余。

【注释】

① 通事:掌朝觐聘问等外交事务的人员。

【译文】

竹堑城是台湾县同知驻扎的地方,竹堑社在城北五里,南坎社、淡水内外社都在城南偏远的地方,这些地方的居民风俗与德化等社相似。男子剪齐额短发,有时候戴竹节帽,穿半臂缘绣白衣,下身围花布。妇女盘髻,用红绳束发,衣服也和男子一样,常用葫芦打水蒸饭。淡水各社原住民贩卖东西给通事,每年缴纳丁赋二百六十余两,皮税一两有余。

淡水厅、竹堑等社熟番 选自《皇清职贡图》彩绘册页本 （清）傅恒等／编绘 收藏于法国国家图书馆

淡水厅、竹堑等社熟番妇 选自《皇清职贡图》彩绘册页本 （清）傅恒等／编绘 收藏于法国国家图书馆

凤山县山猪毛等社归化生番[1]

生番在山谷中，深林密箐，不知种类，凤山等县皆有之。山猪毛等社于康熙五十五年、雍正二年先后归化，共七十四社，自立土目约束。其居择险隘处，叠石片为屋，无异穴处。男女披发裸身，或以鹿皮蔽体，富者偶用番锦、哔吱之属。能绩树为布，亦知耕种黍稷，喜啖薯蓣。见亲朋以鼻相就为敬，婚姻则歌唱相合而成。时挟弓矢镖枪捕獐鹿，以其肉向民人易盐、布、釜甑（zèng）。岁输皮税二十余两。

【注释】

① 生番：旧时称未开化的民族，多指少数民族或外族。

【译文】

生番居住在原始森林中，不知族裔，凤山等县都有分布。山猪毛等社在康熙五十五年（1716年）、雍正二年（1724年）先后归顺朝廷，共有七十四个社，自选土官进行管理。他们选在险隘处叠石搭屋，跟住山洞没有区别。男女披发裸体，有的用鹿皮遮体，富裕的人家偶尔会穿锦和毛纺品之类做成的衣服。他们能用树皮织布，也种五谷，喜欢吃山药。见亲朋好友时以碰鼻为礼，男女对唱山歌，两情相悦就可以约为婚姻。他们时常带着弓箭镖枪去山里捕猎獐鹿，并用鹿肉去换盐、布、瓦罐之类的生活用品。每年缴纳皮税二十余两。

凤山县山猪毛等社生番
选自《皇清职贡图》彩绘册页本　（清）傅恒等　编绘
收藏于法国国家图书馆

凤山县山猪毛等社生番妇
选自《皇清职贡图》彩绘册页本　（清）傅恒等　编绘
收藏于法国国家图书馆

诸罗县内山、阿里等社归化生番

内山、阿里等社自康熙二十二年归化，择其语音颇正者为通事。番人皆依山穴土以居，饮食、衣服与山猪毛等社相似。不谙耕作，惟植薯蓣于石罅（xià），挟弓矢猎獐鹿以佐食。足趾若鸡爪，履险如平地，岁输丁赋三十余两。

【译文】

内山、阿里等社在康熙二十二年（1683年）归顺，朝廷选用当地语音标准的人作为外交事物人员。当地人都居住在山洞里，穿衣吃饭与山猪毛等社相类似。他们不会耕作，只会在石头缝中种山药，用弓箭狩猎獐鹿来吃。他们的脚趾细长得像鸡爪，跋山涉水如履平地。他们需要每年缴纳丁赋三十余两。

诸罗县内山、阿里等社生番
选自《皇清职贡图》彩绘册页本　（清）傅恒等／编绘
收藏于法国国家图书馆

诸罗县内山、阿里等社生番妇
选自《皇清职贡图》彩绘册页本　（清）傅恒等／编绘
收藏于法国国家图书馆

彰化县水沙连等社归化生番

水沙连及巴老远沙里兴等三十六社俱于康熙、雍正年间先后归化。其地有大湖，湖中一山耸峙，番人居其上，石屋相连，能勤稼穑，种多麦豆，盖藏饶裕。身披鹿皮，绩树皮横联之间，有着布衫者。番妇挂圆石珠于项，自织布为衣，善织罽，染五色狗毛，杂树皮，陆离如锦。婚娶以刀斧釜铛之属为聘，虽通舟楫，不至城市，或赴竹脚寮社贸易。岁输谷十五石三斗，皮税四两三钱。

【译文】

水沙连及巴老远沙里兴等三十六社都是在康熙、雍正年间先后归顺朝廷的。当地有一个大湖，湖中有一座高山，当地居民就住在山上，他们建筑的石屋连在一起。他们勤于耕作，多种麦豆，大概粮食收藏比较丰裕。男子身披鹿皮，或混搭树皮，也有穿布衫的人。妇女戴圆石珠项链，自己织布做衣。她们善于纺织，把狗毛染成五色，加杂树皮，以此织出来的布颜色纷繁如锦缎。娶妻以刀斧铁锅之类的物品作为聘礼。这些地方虽然有水路可以通船，但没法直达城市，有时他们会去竹脚寮社进行贸易。这些地方每年缴谷十五石三斗，皮税四两三钱。

彰化县水沙连等社生番
选自《皇清职贡图》彩绘册页本 （清）傅恒等/编绘
收藏于法国国家图书馆

彰化县水沙连等社生番妇
选自《皇清职贡图》彩绘册页本 （清）傅恒等/编绘
收藏于法国国家图书馆

彰化县内山生番

内山生番居深山穷谷，人迹罕到，巢居穴处。茹毛饮血，裸体不知寒暑，登峰越箐，捷若猿猱（náo）。善镖箭，发无不中。秋深水涸之候常至近界镖射鹿獐，遇内地人辄加戕害。番妇针刺两颐如网巾纹，亦能绩树皮为罽。

【译文】

　　内山人在人迹罕至的山谷里巢居穴处。他们茹毛饮血，不穿衣服，不知寒暑，翻山越岭时身手矫健，像猿猴一样。男子擅长飞镖和射箭，发无不中。深秋旱季时，他们常到山脚下猎獐鹿，遇到山下之人会经常横加杀害。妇女用针把脸颊刺得像网巾纹路一样，也会用树皮织布。

彰化县内山生番
选自《皇清职贡图》彩绘册页本 （清）傅恒等/编绘
收藏于法国国家图书馆

彰化县内山生番妇
选自《皇清职贡图》彩绘册页本 （清）傅恒等/编绘
收藏于法国国家图书馆

淡水右武乃等社生番

淡水同知属内山、右武乃等社生番，倚山而居，男女俱裸，或联鹿皮缉木叶为衣。食生物，性刚狠，以杀为事。隆冬草枯水涸，追射獐鹿，攀援树木矫捷如飞。其竹堑东南内山生番俗亦相等。

【译文】

淡水同知管理的内山、右武乃等社的生番依山而居，男女都不穿衣服，有的用鹿皮和树叶做成衣服来穿。他们吃生食，性格刚健凶狠，崇尚杀戮。隆冬草枯水干的时候，他们就追猎射鹿，攀援树木时矫捷如飞。竹堑东南内山的生番习俗也像这样。

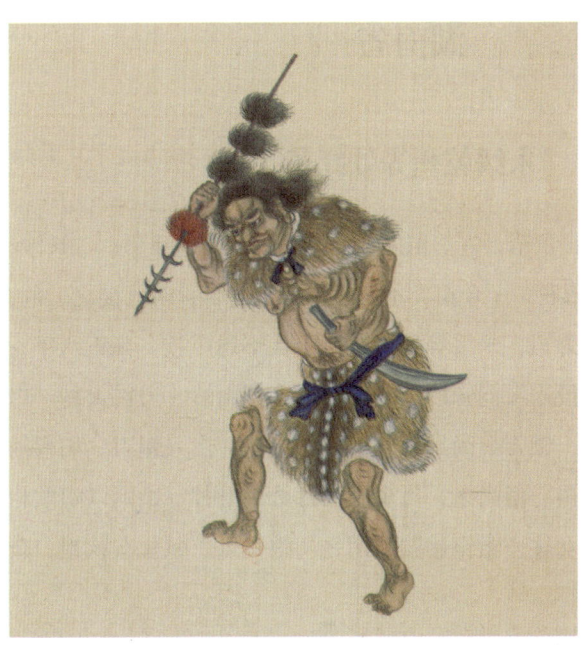

淡水右武乃等社生番
选自《皇清职贡图》彩绘册页本 （清）傅恒等/编绘
收藏于法国国家图书馆

淡水右武乃等社生番妇
选自《皇清职贡图》彩绘册页本 （清）傅恒等/编绘
收藏于法国国家图书馆

湖南省

永绥乾州等处红苗

按《文献通考》："苗，古三苗之裔。"又杜氏《通典》："长沙、黔中、五溪，蛮皆盘瓠种。"今苗类不一然，考三苗自舜时已徙之三危，而苗人至今多祀盘瓠为祖，永绥等处之红苗历代不通声教。雍正八年，六里红苗归诚，特分设永绥同知以理之。苗居多依山岭，刀耕火种。男蓄发去须，衣缀锡片，领带俱尚红，故名"红苗"，出入佩刀。妇髻插银梳，衣短衫，系绣裙。俗尚鬼，每亥子两月杀牛祭神。婚姻以唱歌相悦，而成嫁时，母送女往，索银始归，谓之"娘钱"。赋税有秋粮、杂粮，按户均输。

【译文】

《文献通考》记载："苗人，是上古三苗的后裔。"杜佑《通典》里有记载："长沙、黔中、五溪的苗人，都是盘瓠的后裔。"现在的苗人有很多分支，据考证，三苗从舜帝时期就已经迁徙到了西方的三危之地，但苗人至今多祀奉盘瓠为祖先，永绥等地方的红苗历代都不接受朝廷管辖。雍正八年（1730年），六里红苗归顺，朝廷特设永绥同知来管理。苗人大多依山岭而居，刀耕火种。男子蓄发不留须，穿的衣服缀有锡片，领子崇尚红色，所以得名"红苗"，出入佩刀。妇女发髻插银梳，穿短衫，系绣裙。苗人习俗信鬼，每年阴历十月、十一月时杀牛祭神。男女对唱，两情相悦就可以约为婚姻，但出嫁时，母亲送女儿去男方家，要索要完银钱才返回，叫作"娘钱"。赋税有秋粮、杂粮，按户征收。

永绥乾州等处红苗
选自《皇清职贡图》彩绘册页本　（清）傅恒等／编绘
收藏于法国国家图书馆

永绥乾州等处红苗妇
选自《皇清职贡图》彩绘册页本　（清）傅恒等／编绘
收藏于法国国家图书馆

靖州、通道等处青苗

青苗，靖州、通道、绥宁、城步各属①皆有之，习俗与红苗略同，而性情较淳，以服色俱尚青黑，故名"青苗"。男子勤力作，时荷②担趁墟③。妇髻插木梳，不着裙裤，能绣蛮锦花巾。所居多在深山密箐中，间有与居民杂处者。

【注释】

① 靖州、通道、绥宁、城步各属：所说地区在今日仍设置有苗族自治县。四地皆位于湖南省境内。

② 荷（hè）：背或扛。

③ 趁墟：亦名"趁虚"。各地约定俗成，形成"墟日"，通常当天日中为市，以便贸易。一般为十日两墟。北方则习惯称为"赶集"。称呼虽异，性质相近。

【译文】

青苗，在靖州、通道、绥宁、城步等地方都有，习俗与红苗大略相同，但居民的性情更加淳朴，因衣服颜色崇尚青黑色，得名"青苗"。男子勤快，常挑着担子赶集。妇女发髻插木梳，不穿裙子和裤子，能绣蛮锦花巾。他们大多住在深山野林中，也有与山下居民杂处的。

靖州、通道等处青苗 选自《皇清职贡图》彩绘册页本 （清）傅恒等/编绘 收藏于法国国家图书馆

靖州、通道等处青苗妇 选自《皇清职贡图》彩绘册页本 （清）傅恒等/编绘 收藏于法国国家图书馆

安化、宁乡等处瑶人

　　瑶人裔出于苗，因其不事徭役，故别称曰"瑶"，亦名"莫瑶"。其在湖南者聚处安化、宁乡、武冈、溆浦山谷间，环纡千余里，与苗分类。历代反复无常，本朝以来咸知向化。有平地、高山二种。平地瑶杂居州邑，耕读与民无异；高山瑶阻山凭险，所种多黍菽，或伐竹树易谷而食，男女俱以花帛抹额，系锦兜于胸前。每稼穑登场后治酒延宾，击长鼓，吹芦笙，男女跳舞而歌，名曰"跳歌"，其赋税与齐民一体输纳。

【译文】

　　瑶人源自苗人，因为他们不用服徭役，故别称为"瑶"或"莫瑶"。湖南瑶人聚居在安化、宁乡、武冈、溆浦的山谷间，分布的地方达千余里，与苗人有别。瑶人历代反复无常，本朝以来全部归顺了朝廷。瑶人分为平地、高山两种瑶。平地瑶杂居在州邑，耕田读书与汉民无异；高山瑶险居深山，多种黍菽，有时会伐竹砍树以换粮食。男女都戴花绸裹头，胸前系有锦兜。每到庄稼丰收时，主人会置办酒席，宴请宾客。宴席上，他们击长鼓，吹芦笙。男女跳舞而歌，叫作"跳歌"。他们的赋税与其他百姓相同。

安化、宁乡等处瑶人
选自《皇清职贡图》彩绘册页本 （清）傅恒等／编绘
收藏于法国国家图书馆

安化、宁乡等处瑶妇
选自《皇清职贡图》彩绘册页本 （清）傅恒等／编绘
收藏于法国国家图书馆

宁远等处箭杆瑶人

箭杆瑶乃瑶人中之一种,因其用竹箭为簪,长尺余,或七枝、五枝、三枝不等,插于髻,故以为名。男女喜着青蓝短衣,缘以深色,其居处风俗悉与瑶人同。

【译文】

箭杆瑶人乃是瑶人的一种,他们用竹箭做簪子,竹箭长一尺多,有簪七枝、五枝、三枝不等,故得此名。男女都喜欢穿深色缘边的青蓝短衣。他们的居住生活风俗都与瑶人相同。

宁远等处箭杆瑶人
选自《皇清职贡图》彩绘册页本　（清）傅恒等／编绘
收藏于法国国家图书馆

宁远等处箭杆瑶妇
选自《皇清职贡图》彩绘册页本　（清）傅恒等／编绘
收藏于法国国家图书馆

道州、永明等处顶板瑶人

顶板瑶,道州、永明、江华等处①皆有此种。男椎髻长簪,女盘髻,向后横顶木板一片,两端缀珠,系以红绳,结之颔下,故名之曰顶板瑶。其居处风俗俱与苗瑶相似。

【注释】

① 道州、永明、江华等处:三地亦位于湖南省境内。

【译文】

顶板瑶在道州、永明、江华等地方都有分布。顶板瑶男子结椎形发髻,并插长簪子;女子盘发髻,在发髻后横顶一片木板,木板两端挂珠串,并用红绳将木板系在下巴上,故有此名。他们的居住生活风俗都与苗人、瑶人类似。

道州、永明等处顶板瑶人 选自《皇清职贡图》彩绘册页本 （清）傅恒等／编绘 收藏于法国国家图书馆

道州、永明等处顶板瑶妇 选自《皇清职贡图》彩绘册页本 （清）傅恒等／编绘 收藏于法国国家图书馆

永顺、保靖等处土人[1]

土人，先本苗蛮，自唐以蛮中大姓彭氏、冉氏分土管辖，始有土人之名。历代反复不常，时勤剿抚，明时始授永保等土司为宣慰使。国初一如明制，嗣因土官贪暴，雍正二年改土归流[2]，添设永顺府治，土人咸登衽席[3]矣。

其地山多田少，刀耕火种。男花布裹头，足着草履，女椎髻向后，衣裙俱短。婚礼以一牛馈女之外家，谓之"骨种钱"。妇勤于纺织土绫土布，民间亦多资之。赋税各邑折征，秋粮自数十两至数百两不等。

【注释】

① 土人：指土著、本地人、当地人。

② 改土归流：指清朝雍正时期在西南滇、黔、桂、川、湘、鄂六省实行的废除土司制度，设立流官治理的改革。

③ 衽席：寝卧之处，借指安稳太平生活。

【译文】

土人原先为苗人，从唐代时起，各朝以当地的大姓彭氏、冉氏分土管辖，才有土人之名。土人一直反复无常，历朝时剿时抚，明朝时才开始授予永保等地方的土司为宣慰使。本朝初年，依照明制，后因当地官员贪暴，遂于雍正二年（1724年）对这个地方施行改土归流，加设永顺府，土人百姓才得以安享太平。

土人聚居的地方山多田少，维持着原始的刀耕火种。男子头裹花布，穿草鞋。妇女椎髻向后，穿短衣配短裙。举行婚礼时，男方家用一头牛赠给女方家，称为"骨种钱"。妇女勤快，擅长纺织土绫土布，民间也有很多购买的。各地以实物折价，征收银钱，缴纳秋粮从数十两到数百两不等。

永顺、保靖等处土人
选自《皇清职贡图》彩绘册页本 （清）傅恒等/编绘
收藏于法国国家图书馆

永顺、保靖等处土妇
选自《皇清职贡图》彩绘册页本 （清）傅恒等/编绘
收藏于法国国家图书馆

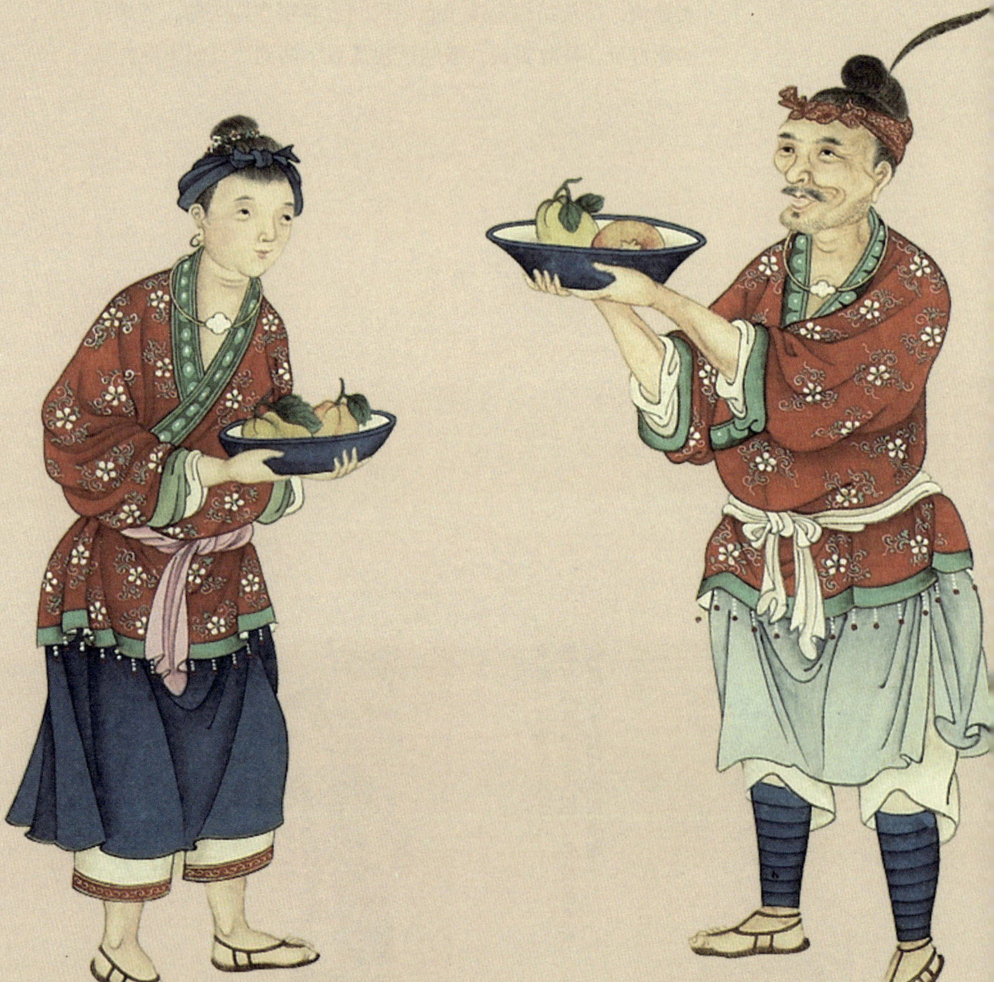

南粤卷

广东省

新宁县瑶人

瑶本盘瓠之种,由楚省蔓延。粤东之新宁、增城、曲江、乐昌、乳源、东安、连州等七州县,时洪武永乐时,瑶首盘贵等相继来朝,始立土司,正统以后屡次作乱。

本朝初年复肆行劫掠,先后讨平。至康熙四十二年招抚归顺,分隶各州县。其在新宁者,居县属之大隆峒。言语服饰渐与内地习染,同齐民一体编户输粮。妇人髻环衣饰,亦与民无异,戴笠跣足,能助耕作及纺织刺绣之事。

【译文】

新宁县瑶人原本是盘瓠的后裔,从楚地繁衍而来。广东东部的新宁、增城、曲江、乐昌、乳源、东安、连州等七县的瑶民,明洪武至永乐时期,由首领盘贵等带领相继来朝贡,自此才开始设立土司,明正统年以后,曾屡次作乱。

本朝初年,又肆意劫掠,先后被平定。到康熙四十二年(1703年)招抚归顺,分到各州县管理。其中,在新宁县的瑶人,居住在大隆峒。他们的言语服饰慢慢汉化,编户输粮与汉民相同。瑶人妇女椎髻,戴耳环,穿有纹饰的服装,也与汉民没有区别;她们戴斗笠,不穿鞋,能辅助耕作和纺织刺绣。

新宁县瑶人 选自《职贡图》卷 （清）谢遂 收藏于中国台北故宫博物院

增城县瑶人

瑶之在增城者,居县属边境山岩间。刀耕火种,善用弩箭射兽,其服饰与齐民相似。瑶妇总发为髻,系以红绳,衣衫裙袴亦仿佛民间,常跣足入山樵采,或携瓠贮茶以售于市。

【译文】

增城县的瑶人,居住在县城边境的山间。他们刀耕火种,善用弩箭射兽,服饰与汉民相似。瑶妇椎髻,系红绳,衣衫裙裤也跟汉民相同。她们常常不穿鞋到山里樵采,有时也用瓠装茶到集市售卖。

增城县瑶人 选自《职贡图》卷 (清)谢遂 收藏于中国台北故宫博物院

曲江县瑶人

曲江县瑶人居县属之西山,距城百二十里。男子椎髻,环耳,领缘,尚绣,膝以下束布至胫,常用瓮囊携物出山贸易。瑶妇髻贯竹箭,覆以花帕,重裙无袴,跣足而行,能作竹木器,舁(yú)负趁墟以易盐米。因妇人髻贯竹箭,故概名曰箭瑶。

【译文】

曲江县瑶人居住在本县西山处,距县城百二十里。男子椎髻,戴耳环,缘领,尚绣,膝以下束布到小腿,常用瓮囊装货物出山贩卖。瑶妇椎髻,上插竹箭长簪以别发,盖花帕;不穿裤子,而穿重裙,光脚走路。她们能制作竹木器,并拿着去集市换盐米。因为瑶人妇女髻插竹箭,故名箭瑶。

曲江县瑶人 选自《职贡图》卷 (清)谢遂 收藏于中国台北故宫博物院

乐昌县瑶人

乐昌县瑶人居县属之大岭及龙岭脚二处,距城五六十里。其服饰与曲江箭瑶仿佛,或时用花帕缠头。瑶妇亦盘髻贯箭,短衣短裙,能跣足登山,亦常负物入市。

【译文】

乐昌县瑶人居住在大岭及龙岭脚两个地方,距县城五六十里。乐昌县瑶人服饰与曲江箭瑶相像,有时也用花帕缠头。乐昌瑶妇也盘髻,以竹箭为簪,短衣短裙,能光脚登山,也常到市集贩卖货物。

乐昌县瑶人 选自《职贡图》卷 (清)谢遂 收藏于中国台北故宫博物院

乳源县瑶人

乳源县瑶人居深山中,耕山为业,距城百五十里,有生熟二种。生瑶不与华通,熟瑶常出贸易,头缠花帕,耳带大环。瑶妇恒簪小竹杆二三枝,复缠以发,用帕放之,身衣短衫裙,不蔽膝,时有往来城乡与民人市易盐米者。

【译文】

乳源县瑶人深居山中,耕山为业,距县城百五十里,有生熟两种瑶人。生瑶不跟汉人往来,熟瑶男子经常出山贸易货物,头缠花帕,戴大耳环。瑶妇常先簪二三枝小竹杆,又将头发缠起来,再用手帕包着。她们身穿短衣衫裙,露膝,不时到城乡跟汉人购买盐米。

乳源县瑶人 选自《职贡图》卷 (清)谢遂 收藏于中国台北故宫博物院

东安县瑶人

东安县瑶人居县属之云放、云容二峒,距城百五十里。其服食耕种大概与齐民无异,惟椎髻用花帕缠头是其俗习,而言语侏离殊不可通。瑶妇亦用花帕缠头,短裙跣足,能耕耘纺织。

【译文】

东安县瑶人居住在县城的云放、云容二峒,距县城一百五十里。他们的服装、饮食、耕种习惯与汉民大概相同。只是椎髻用花帕缠头是他们的习俗,且言语难解不能相通。瑶妇也用花帕缠头,她们穿短裙光脚,能耕耘和纺织。

东安县瑶人 选自《职贡图》卷 (清)谢遂 收藏于中国台北故宫博物院

连州瑶人

连州瑶人,畜发为髻,红布缠头。喜插鸡翎,性凶悍,不驯,亦间有识字者,或时以山果入市。瑶妇衣尚刺绣,皆自为之,青帕放头,饰以簪珥,常着芒鞋登山樵。采婚姻以唱歌,相谐所居,距州城四十里。

【译文】

连州的瑶人,蓄发,梳髻,用红布缠头。男子喜欢插鸡翎,性情凶悍,不受教化,也有识字的人,有时拿山果到城里贩卖。瑶妇衣服崇尚刺绣,服饰的刺绣都是她们亲手完成的,用青帕披在头上,簪簪子,戴耳环,她们经常穿着草鞋登山采樵。约定婚姻的方式为双方对唱,居所和谐,他们居住的地方距州城四十里。

连州瑶人 选自《职贡图》卷 (清)谢遂 收藏于中国台北故宫博物院

灵山县僮人[①]

灵山县僮人，本广西狼兵。明天顺时奉调征剿，遂就此生聚散，处县属之十万山中。性质粗悍，又谓之山人。戴笠跣足，衣饰亦与齐民相彷，掬水而饮，抟饭而食，茅茨衡板上栖下牧。男女婚姻不以礼。善药弩，以捕猎为生。僮妇用花帛兜肚，袴仅蔽膝，往来墟市，必持雨伞而行。

【译文】

灵山县僮人，原本是广西狼兵。明朝天顺时期，士兵奉旨征剿此地，他们就在这里或聚居或散住，生活在灵山所辖的十万山中。他们性情粗悍，又被称为山人。他们戴斗笠不穿鞋，衣饰也与汉民相似。他们掬水而饮，抟饭而食，住茅茨房屋，在衡板上栖息，衡板下畜养家畜。男女约定婚姻没有礼仪。男子擅长采药和制作弓弩，以捕猎为生。僮妇穿花帛兜肚，穿的下衣仅遮住膝盖。她们到集市贩卖采买时，必撑雨伞而行。

灵山县僮人 选自《职贡图》卷 （清）谢遂 收藏于中国台北故宫博物院

合浦县山民

合浦县山民，一名獏瑶，自荆南五溪而来，本瑶僮之类，而不属于峒长，故名獏瑶。随溪谷群处，斫山为业，有采捕而无赋役。服饰略同齐民，惟以青布缠头。所居在大山中，闻人民语辄趋避，畏入城市，俗呼"山仔老"。其山妇俗呼"山仔婆"，喜以绣帛束胸，短裙跣足，常负藤囊至墟贸易。

【译文】

合浦县山民，也叫獏瑶，从荆南五溪迁徙而来，原本是瑶僮之类的民族，但没峒长当家，故此得名。他们沿着溪谷聚居，以樵采为业，其中，以采摘野果和捕鱼为生的没有赋税和徭役。他们的服饰与汉民略同，只是用青布缠头。他们居住在大山中，听到汉人的声音就躲避起来，害怕进入城市，男子被俗称为"山仔老"。妇女被俗称为"山仔婆"，他们喜欢用绣帛束胸，穿短裙光脚，经常背着藤囊到集市贩卖。

合浦县山民 选自《职贡图》卷 （清）谢遂 收藏于中国台北故宫博物院

琼州府黎人

按黎人，后汉谓之俚人，俗呼"山岭为黎而俚居其间"，于是讹俚为黎。散处于琼，属五指山各峒中。性凶横，时相仇杀，自唐至本朝叛服不常。康熙三十八年，总兵唐光尧率兵剿抚始获绥靖。雍正七年，各峒生黎咸愿入版图，悉为良民。男椎髻在前，首缠红布，耳垂铜环，短衣至膝，下体则以布两幅掩其前后而已，射猎耕樵为生。黎妇椎髻在后，首放青帕，嫁时以针刺面为虫蛾花卉状，服绣吉贝，系花结桶，桶似裙而四围合缝，长仅过膝。其俗亲死不哭，唯啖生肉，即以为哀恸切至。

【译文】

据考据，黎人在后汉时期叫作俚人，俗称"山岭为黎而俚居其间"，于是讹"俚"为"黎"。他们散处于琼州府的五指山各峒中，性情凶横，时常互相仇杀，从唐代到本朝叛乱和顺服不定。康熙三十八年（1699年），总兵唐光尧率兵剿抚，才开始安定。雍正七年（1729年），琼州府的各峒生黎全部归顺，全为良民。黎人男子椎髻在前，头缠红布，耳戴铜环，穿的短衣到膝盖，下身则只用两幅布遮掩前后。他们以射猎和耕樵为生。黎妇椎髻在后，头上盖青帕，出嫁时，用针在脸上刺虫蛾花卉的形状，穿的衣服绣着吉贝，系着花桶，桶像裙子但四围合缝，长仅过膝。黎人习俗，亲人去世时不哭泣，只吃生肉，表示极度悲痛伤心。

琼州府黎人 选自《职贡图》卷 （清）谢遂 收藏于中国台北故宫博物院

广西省

临桂县大良瑶人

临桂县大良瑶多居深谷间,以远近为伍,木叶覆屋。椎髻,跣足,短衣绿绣,以锦缀膝,出必携雨盖。瑶妇以银簪遍插髻间,耳缀大银环,以蛮锦刺绣为衣,时携竹篮趁墟。陈隋间时啸聚,为居民患。唐贞观中,守臣谕以祸福,悉出迎降。至元明时,常附僮劫掠。本朝定鼎以来,怀德畏威,耕凿相安,纳正供与良民等矣。

【译文】

临桂县的大良瑶多居住在深谷间,他们与远近组织为伍,用木枝树叶覆屋顶。大良瑶男子椎髻,不穿鞋,穿短衣绿绣,绿绣在膝盖部位以锦缀饰,外出必携带雨具。瑶妇用银簪遍插髻间,耳戴大银环,穿用蛮锦刺绣做成的衣服,时常携带着竹篮到集市买卖。在陈朝和隋朝的交替时期,他们啸聚山林,成为当地居民的祸患。唐贞观时期,守臣贴告示招抚,他们便全来归降。到元明时,常跟着附近的僮人出来劫掠。我朝建立以来,他们怀德畏威,耕凿相安,跟良民一样纳税了。

临桂县大良瑶人 选自《职贡图》卷 （清）谢遂 收藏于中国台北故宫博物院

永宁州梳瑶人

永宁梳瑶居山谷最僻处,男妇以耕织为生,无赋税。明景泰时,始出与州民贸易。人至其家即非素识,必具牲醴相款洽。男不留髭须,椎髻,缠花巾领,袖绿以花布。女布衣花带,不事装饰。以髻中绾木梳,故即名梳瑶。

【译文】

永宁梳瑶居住在山谷最偏僻的地方,他们以耕织为生,没有赋税。明景泰年间,才开始出来与州民贸易。有人到他们家中,即使不认识,他们都必会用好菜好酒款待。男子不留髭须,椎髻,缠花巾领,戴用花布制成的袖子。妇女穿布衣,系花带,没有装饰。因为他们用木梳绾在髻中,故名梳瑶。

永宁州梳瑶人 (清)谢遂 收藏于中国台北故宫博物院
选自《职贡图》卷

兴安县平地瑶人

兴安县平地瑶，傍石林结邻屋，佃田输租。不事剽窃，俗醇似平民，因名平地瑶。男花帛裹头，带银手钏，衣袴俱锦绿，时以布囊负物。女锦缠头，缀以珠玉，项饰银圈，花布巾束腰，偶诣亲串家，晴雨必以油盖自随。每岁首祀盘瓠，杂置鱼肉酒饭于木槽，叩槽群号以为礼。

【译文】

兴安县平地瑶，在靠近石林的地方建屋，租田耕种。他们不剽窃，跟平民一样淳朴，因此得名平地瑶。男子用花帛裹头，戴银手钏，穿用绿锦制作的衣裤，时常用布囊背东西。妇女用锦缠头，上面缀有珠玉装饰，脖子戴银圈，用花布巾束腰。她们偶尔外出走亲戚串门，不管天晴还是下雨，都带着油纸伞。每年岁首祭祀盘瓠，在木槽中错落地摆放着鱼肉酒饭，大家对槽叩拜，一起号叫，以此为礼。

兴安县平地瑶人 选自《职贡图》卷 （清）谢遂 收藏于中国台北故宫博物院

灌阳县竹箭瑶人

竹箭瑶类湖南之箭杆瑶，散处灌阳县之归化上下二里，耕山种畲，有田输赋者甚少。性朴易驯，土民常募使佃作。男女俱挽髻，簪竹簪三枝，有似于箭。男衣绿边短衣，女花领绣裙，时入林采茶。

【译文】

竹箭瑶类似于湖南的箭杆瑶，散居在灌阳县的归化上下二里。他们刀耕火种，纳赋税的很少。他们性情质朴，很容易被教化，当地的平民常常招募他们为自己种田。竹箭瑶男女都挽髻，簪着三枝似箭的竹簪。男子穿绿边短衣，妇女穿花领绣裙，他们时常到山林里采茶。

灌阳县竹箭瑶人 选自《职贡图》卷 （清）谢遂 收藏于中国台北故宫博物院

罗城县盘瑶人

罗城县瑶人，居县属之通道镇。岁时祭赛盘古庙，因名盘瑶，又名自在瑶。伐山火食，俗尚踏歌，浓妆绮服，一唱百和，谓之会阆。元夕中秋为盛，余节亦间举。男五色布裹头，领绿花绒，带缀制钱。女以竹片缀珠覆首，布衣花袖，带亦缀钱，复结制钱为佩系之当胸，行步则玱然有声。

【译文】

罗城县瑶人居住在县辖的通道镇。每年过年时祭祀盘古庙，故名盘瑶，又名自在瑶。他们以砍伐山林做柴火，爱踏歌，浓妆绮服，一唱百和，叫作会阆。他们主要过元宵节和中秋节，并且最为隆重，其他节日偶尔也举行庆祝活动。男子用五色布裹头，穿绿领花绒，带子缀有铜钱。妇女头上盖着缀满珠子的竹片，穿花袖布衣，带子也缀有铜钱，胸前还系用铜钱结成的挂佩，走路时挂佩相互撞击，声音清脆响亮。

罗城县盘瑶人 选自《职贡图》卷 （清）谢遂 收藏于中国台北故宫博物院

修仁县顶板瑶人

顶板瑶居修仁县之山麓间,以所耕硗(qiāo)瘠免赋税。颇安业,不为非。男女短衣花领,皆以黄蜡胶红板于首。女则缀以琉璃珠,累累若璎珞然。与湖南之顶板瑶同,但以绳结颔下者略异其俗。女嫁时携汲桶至夫家,夫击女背者三,妇乃以桶出汲。

【译文】

　　顶板瑶居住在修仁县的山麓间,因为耕地坚硬又贫瘠,所以免除赋税。他们颇安居乐业,不为非作歹。男女都穿花领短衣,都用黄蜡在头上粘着红色板子。妇女则在板子上缀以琉璃珠,像璎珞一样一层一层的样子。他们与湖南的顶板瑶人相同,但用绳结在颔下这个习惯略有不同。女子出嫁时,携带着汲水的桶到丈夫家,丈夫敲击女子的后背三下,妻子才拿桶出去汲水。

修仁县顶板瑶人 选自《职贡图》卷 (清)谢遂 收藏于中国台北故宫博物院

庆远府过山瑶人

庆远府属瑶人向隶土司，雍正七年改土归流，遂入版籍，供赋役。其过山瑶僻处山巅，以焚山种植为业，地力渐薄辄他徙，故以过山为名。不知纺织，布帛皆市之僮人。性善走，生子始能行，烧铁石烙其足底，使痛痒皆无所知，故履险如平地。男女俱插长簪，短衣绣领，结丝网为袋以负物，各以绳系额而行。

【译文】

庆远府的瑶人向来归土司，雍正七年（1729年）改土归流后，遂纳入版籍，供赋役。过山瑶居住在像山巅一样偏僻的地方，以焚山种植为业，等地力渐薄的时候就迁徙，所以得名"过山瑶"。他们不会纺织，布帛皆从僮人那里买。他们擅长行走，孩子刚开始能走路的时候，就烧铁石烙孩子的脚掌，使他痛痒到没有知觉，所以能履险如平地。男女头上都插长簪，穿绣领短衣。他们结丝网为袋用来背物，并分别把绳系在额头上行走。

庆远府过山瑶人 选自《职贡图》卷 （清）谢遂 收藏于中国台北故宫博物院

陆川县山子瑶人

　　山子瑶居深山中，耕山为业，迁徙无常，类过山瑶，故别其名曰山子。性敦朴，人或以物寄藏，虽久弗失。时采山果、哆啰密①等物鬻于墟。男椎髻缠头，着短袖衣，女则以绣绿领。每出行男女皆携葫芦为饮器。

【译文】

　　山子瑶居住在深山中，以耕山为业。他们迁徙无常，类似于过山瑶，所以别名"山子瑶"。他们性情敦朴，人们有时候在他们那里寄藏物品，虽然过去很长时间，但也不会丢失。他们时常采山果、菠萝蜜等物到集市上贩卖。男子椎髻缠头，穿短袖衣，妇女则穿着绣有绿领的短袖衣。每次出行，不管男女都携带葫芦当作饮器。

陆川县山子瑶人 （清）谢遂
选自《职贡图》卷 收藏于
中国台北故宫博物院

兴安县僮人

僮亦盘瓠遗种，元时自楚黔至粤，蔓衍桂、平、梧各郡山谷间。与瑶杂居，而性尤犷悍，喜攻击撞突，故曰僮。其在兴安之富江诸处者被化最早，习俗较醇，以耕种负贩为生。席地而炊，抟饭而食。男蓝布裹头。妇椎髻，银簪悬以花胜，抹额悉缀以珠，衣裳俱绿以锦绣。宴客人置一器，食余则各携去。

【译文】

僮也是盘瓠的后代，元朝时从湖南、湖北、贵州迁徙到南粤，随后繁衍在桂、平、梧郡的山谷间。他们与瑶人杂居，性情尤为犷悍，喜欢攻击撞突，故名僮。其中，在兴安县富江等地方的僮人最早被教化，他们习俗较为淳朴，以耕种贩卖为生。他们席地做饭，用手抟饭而食。男子用蓝布裹头。妇女椎髻，簪的银簪悬挂着花胜，抹额都缀珠装饰，穿的衣裳都有绿锦绣。他们请客吃饭每人跟前放一个食器，吃剩的则各自带走。

兴安县僮人　选自《职贡图》卷（清）谢遂　收藏于中国台北故宫博物院

贺县僮人

贺县僮人始来自楚,居县属南乡,有生熟二种。熟者入籍输税。生者居深山中,性剽悍。明隆庆时,其酋杨公满等作乱,都御史殷正茂等讨平之。本朝以来,僮人安耕织,慕文物。男花巾缠头,项饰银圈,青衣绣绿。女环髻,遍插银簪,衣锦边短衫,系纯锦裙,华饰自喜,能织僮锦及巾帕,其男子所携必家自织者。

【译文】

贺县僮人最始来自楚地,居住在南乡,有生熟两种。熟僮入籍输税。生僮居住在深山中,性情剽悍。明隆庆时期,他们的酋长杨公满等人作乱,被贺县都御史殷正茂等人征讨平定。我朝以来,僮人安居乐业,仰慕中华文明。男子用花巾缠头,脖子戴着银圈,穿绿绣青衣。妇女环髻,上面遍插银簪,穿锦边短衫,系纯锦裙,戴着她们喜欢的华丽首饰。她们能织僮锦及巾帕,僮人男子所携带巾帕必定是家里自织的。

贺县僮人
选自《职贡图》卷 （清）谢遂 收藏于中国台北故宫博物院

融县僮人

融县之水冷峒左右，藤苍树古，多猿猱，僮人视若侪伍，结庐其中，号麻栏。男女群处，子娶妇，始别栏焉。性虽悍，颇知奉法，有田者必争先输课。善鸡卜，执雄鸡祷毕杀之，拔两股骨，视骨侧，细窍遍插竹筳（tíng），斜正偏直任其自然，以定吉凶。男花布缠头。女项饰银圈，衣绿以锦花褶，绣履，时携所织僮锦出售，必带竹笠而行。

【译文】

融县的水冷峒周围，藤苍树古，多猿猱，僮人视它们为同类，在那里结庐盖房，盖的房子叫麻栏。他们男女群居，男子娶媳妇后，才开始分栏居住。他们虽然性情凶悍，但很懂得遵守法律，有田的人家都按时纳税。他们擅长用鸡占卜，方法为：抓来雄鸡，祈祷完毕后杀了，拔出鸡的两支大腿骨，看骨头侧面的纹理，在细空的地方插遍细竹枝，斜正偏直任其自然，以此定吉凶。男子用花布缠头。妇女脖子戴着银圈，穿绿色锦花褶衣服和绣花鞋，她们时常携带自己所织的僮锦出去售卖，且出门必戴竹笠。

融县僮人
选自《职贡图》卷 （清）谢遂 收藏于中国台北故宫博物院

龙胜苗人

龙胜界连黔粤,多层岩叠嶂,苗人架竹木为楼居,相率种植射猎,性犷悍,贱老贵少。不留髭须,谓之罗汉。喜结交,与亲昵者至以身殉之,若其人欲他往,遂杀而食其肉,裹骨以锦置家祠奉之,志不防焉。历代梗化,屡讨屡叛。自乾隆五年剿抚以来,相戒守分,悉除从前恶习,计田输税。男缠头,插雉尾,耳环项圈,青衣紫袖。女挽髻,遍插银簪,复以长簪,缀红绒短衣,绿锦花兜,锦裙,常手携槟榔盒。男女皆跣足而行。

【译文】

龙胜地接黔粤,多层岩叠嶂,苗人架竹木为楼居,相率种植射猎。他们性情犷悍,贱老贵少。男子不留髭须,被叫作罗汉。他们喜欢结交朋友,与亲昵的朋友甚至能以身相殉。如果与他们亲昵的朋友想要与别人结交,他们会杀了他,而且把他的肉吃了,然后用锦包裹他的骨头放在自家的祠堂里供奉,矢志不渝。历朝不服教化,屡讨屡叛。从我朝乾隆五年(1740年)被剿抚以来,他们相戒守分,摒除从前恶习,按田亩纳税。苗人男子缠头,头上插鸡的羽毛,耳戴环圈,穿紫袖青衣。妇女挽髻,上面遍插短银簪后,又插长簪,她们穿缀红绒短衣,系绿锦花兜,穿锦裙,手里常着槟榔盒。男女都光脚而行。

龙胜苗人
选自《职贡图》卷 （清）谢遂 收藏于中国台北故宫博物院

罗城县苗人

苗之在罗城者与瑶杂居,而性颇不类,好吹笙。男子髻插三雉尾,耳环,手镯,短衣绣绿。苗妇椎髻,长簪,着镶锦敞衣,胸露花兜,裳则纯锦,以示靓丽,能织番锦,又善音,操楚歌《挂钗留客》,能为鸜鹆(qú yù)舞。娶妇生女则送归母家,谓之一女来一女往。食则以手抟饭,和以鱼鲊(yú zhǎ)为上食。交易以木刻记之。宋时始置县,治犹顽梗。今则奉法与齐民同,村落亦有塾舍书声。

【译文】

居住在罗城县的苗人与瑶人杂居,但他们的性情颇有不同,好吹笙。苗男椎髻,上面插三根野鸡羽毛,戴耳环和手镯,穿绣绿短衣。苗妇椎髻,长簪,着镶锦敞衣,胸露花兜,穿锦裤,以此显示靓丽。她们能织番锦,还擅长音律,唱楚地的歌谣《挂钗留客》,且能跳鸜鹆舞。如果媳妇生了女儿,男子就把女儿送回妻子的娘家,这叫作"一女来,一女往"。饮食则以手抟饭中裹鱼鲊为上等。他们交易用木刻记账。宋朝时才在这里置县管理,但仍然顽劣。现在他们奉法与汉民相同,村落里也有书塾和读书人。

罗城县苗人 选自《职贡图》卷 （清）谢遂 收藏于中国台北故宫博物院

怀远县苗人

怀远县之武洛、猛团等处苗人寨焉，山产桐茶树，收其子为油，以资生计。贫者或以采薪为业，妇人勤于纺织。俗贵盐，非宾至不轻用。有曲直不相服者，聚众辨论，谓之款坪。不直者罚酒肉饷众。以芦管为笙，每立春前一日，入城吹之，先官署次绅士家，且歌且舞，其辞皆时和年丰、官清民乐之意。男女服饰均与龙胜苗人相同。

【译文】

怀远县的武洛、猛团等地方的苗人寨，山产桐茶树，苗人收桐茶果实榨油来资助生计。贫穷人家男子有的还以采薪为业，妇女则勤于纺织。他们以盐为贵，不到宾客来访不轻易食用。有因为是非曲直而争执不下的事情，他们就聚众辩论，这叫作款坪。无理的一方最后要被罚用酒肉来招待众人。他们用芦管来制笙，每年立春前一天，到城里先为官署后为绅士人家演奏，演奏时，他们且歌且舞，唱词都是祝愿年丰、官清民乐一类的。他们男女的服饰都与龙胜苗人相同。

怀远县苗人
选自《职贡图》卷 （清）谢遂 收藏于中国台北故宫博物院

贵县狼人

明正德时,粤西流贼四起,贵县民多逃亡,田地荒芜,因狼人兵征贼有功,使耕其地,遂居县属五山九怀之中,长子孙焉。世以耕猎为生,亦有粗知汉字者。男戴笠,着履,时携巾扇闲游。女青衣绣裳,系红绿彩色带,喜簪花,亦喜以茜草染齿。婚聘以馈肉为礼,男女迎送,则歌声互答以相欢悦。

【译文】

明正德时,粤西流贼四起,贵县民大多逃亡,导致田地荒芜。因为狼人兵在征讨贼人时有功,朝廷就把此处土地分给他们耕种,于是他们就居住在县属的五山九怀之中繁衍子孙。他们世以耕猎为生,也有粗识汉字的人。男子戴斗笠,穿履,时常携带着巾扇闲游。妇女穿青衣绣裳,系红绿彩色带,喜欢簪花,她们也喜欢用茜草染牙齿。他们婚聘以肉为礼,结婚时,男女迎送,歌声互答,互示彼此欢悦之心。

贵县狼人 选自《职贡图》卷 (清)谢遂 收藏于中国台北故宫博物院

怀远县狑人

狑（líng）者，另也，诸蛮之外另为一种，与瑶僮又别，故曰狑人。其贵少贱老。不留髭须，亦似苗，但不若苗之顽悍。怀远之永吉三峒等村多幽崖奥谷，狑人依焉不室，而处采橡薯为粮，或射狐掘鼠及捕虫蚕以充食。妇女亦间采山果以佐之，不识纺织。以卉为衣，鴂舌鸟言，须重译乃通。

【译文】

狑人，是诸蛮之外另一种蛮人，与瑶僮也有区别，故名狑人。他们重视年轻人，轻视老年人。男子不留髭须，也似苗人，但不像苗人那么顽悍。怀远的永吉、三峒等村多悬崖深谷，狑人不建屋而依环境居住，他们采橡薯为粮，有时射狐掘鼠及捕虫蚕来充当食物。妇女也偶尔采山果来辅佐吃食，不会纺织。他们穿用草制成的衣服，语言难懂，须用几种语言辗转翻译才能理解。

怀远县狑人 选自《职贡图》卷 （清）谢遂 收藏于中国台北故宫博物院

西林县皿人

皿人即西林土人，散处山谷。明时置上林长官司辖之。本朝康熙五年，始设西林县治。男锦巾裹头，着红绿衣，每逢佳节好吹笛游玩。女挽双髻，覆以绣帕，着花领衣，系绿裙。素淡食，嗜酸味。所种山田必待雨而耕，旱则竹笕引泉以溉，岁输正供，少逋负者。

【译文】

皿人就是西林土人，他们散居在山谷里。明朝时置上林长官司管辖。我朝康熙五年（1666年），始设西林县管理。男子用锦巾裹头，着红绿衣，每逢佳节好吹笛游玩。妇女挽双髻，盖着绣帕，着花领衣，系绿裙。他们饮食清淡，喜欢酸食。他们所种的山田必须等待雨季到来才能耕种，干旱的时候他们则用竹笕引泉来灌溉。他们按时纳税，很少有逃税和逾期的。

西林县皿人 选自《职贡图》卷 （清）谢遂 收藏于中国台北故宫博物院

西林县防人

防人家无蓄积,以多牛为富,居处饮食与皿人相类,而服饰稍别。男花布裹头,喜着半背,携自织锦帕。妇以防帛约发髻,插凤钗,项饰银圈,下垂小珠璎珞,红衣广袖,外系绿裙,俗信鬼,疾病以巫祷为事,其族类不可考。

【译文】

防人家无蓄积,以家中多牛为富,居住饮食与皿人相似,只是服饰稍有区别。男子用花布裹头,喜露着半背,携带自织锦帕。妇女用防帛约束发髻,插凤钗,脖子戴银圈,下面垂小珠璎珞,穿广袖红衣,外系绿裙。防人信鬼,以巫祷来治病,他们的族类无从考证。

西林县防人 选自《职贡图》卷 (清)谢遂 收藏于中国台北故宫博物院

太平府属土人

太平，骆越地也，无瑶僮杂居，编户皆土人，其承袭土司世职悉前代征蛮将士之后，盖当时以边功受赏邑使役属其土著者。土人多以尺布裹头，不留髭须，足着革履，出必以油盖自随，时负丝网袋趁墟，负物而归。妇人手带银钏，多者或至三四，短衣长裙，行则袚（jié）于带间，恒携竹篮挑野蔬以佐食。婚姻以槟榔为礼。自改流以来，土人子弟有读书应试为诸生者。

【译文】

太平府是古代骆越国的属地，没有瑶僮杂居，编户都是土人，承袭世职的土司全是前代征蛮将士的后代，他们大概是当时因为边功而受赏来管理当地土著的。土人男子多用尺布裹头，不留髭须，脚穿皮鞋，外出必随身携带油纸伞，时常背着丝网袋到集市贩卖，然后背着买的货物回家。妇女手戴银钏，多的有时能有三四个。她们穿短衣长裙，行走时把裙子袚在带间。她们常常携着竹篮找野蔬来佐食。他们婚姻以槟榔为礼。从改流以来，土人子弟有读书应试为诸生的。

太平府属土人 选自《职贡图》卷 （清）谢遂 收藏于中国台北故宫博物院

西隆州土人

西隆州，本日南地。唐宋属田州，明永乐时置安隆长官司。本朝康熙初始设西隆州，雍正五年以泗城土府改设流官，遂分隶焉。土人村舍多在山脊，锄畲种粟，家无积粮。男以蓝布缠头，蓝衣，花带，手银镯，足鹞鞋，时肩丝网袋以藏什物。土妇首裹布帻，髻插花簪，绿衣，红领花袖，外系细折长裙，束以飘带，能织花布巾。每岁首酋长率所部百余人以雉兔等物献之官府，俯伏跪拜，惟谨犒以酒食，各袖所余而去。就田输税，不异齐民。

【译文】

西隆州原本是古代日南国的领地。唐宋时期隶属于田州，明永乐时置安隆长官司。我朝康熙初始设西隆州，雍正五年（1727年）将泗城土府改土归流，于是分出来治理。土人的村舍多建在山脊，他们焚山种粟，家无积粮。男子用蓝布缠头，穿蓝衣，系花带，手戴银镯，脚穿鹞鞋，时常扛着装着东西的丝网袋来藏一些东西。土妇头裹布帻，髻插花簪，穿绿衣，红领花袖，外系细折长裙，束以飘带，能织花布巾。每年岁首，酋长率所部百余人将野鸡、野兔等物献给官府，俯伏跪拜，只有官府用酒食犒劳他们后，酋长才率人离去。他们与平民一样纳田税。

西隆州土人 选自《职贡图》卷 （清）谢遂 收藏于中国台北故宫博物院

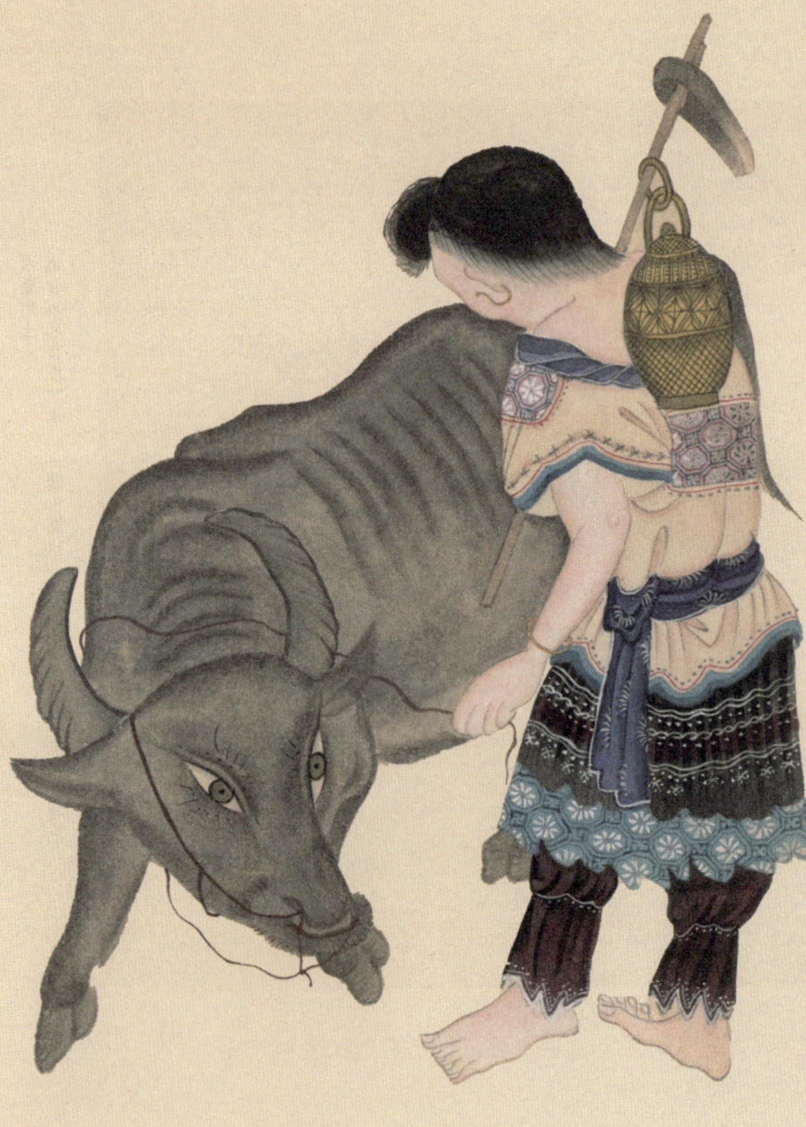

西南卷

云南省

云南等府①黑彝

黑彝为滇彝贵种,凡土官营长皆其族类。散居云南、曲靖、临安、澄江、武定、广西②、东川、昭通、楚雄、顺宁、蒙化等府,在鹤庆者又号"海西子"。自唐时隶东西两爨(cuàn)部落,元收其地为郡县,分处各属。其居处斫木代瓦,名曰苫(shàn)片。男子青布缠头,或戴箬帽,布衣毡衫,妇亦以青布蒙首,布衣,披羊皮,缠足着履,言语饮食颇类齐民。性朴鲁,好射猎,岁时用鸡酒,摇木铎(duó)以祝国祈年。土宜稻黍,输税惟谨。

【注释】

① 云南府:明代所设云南地区的行政名称,清代沿袭,当时所辖包括昆明、富民等在内的州县。

② 广西:元代设置广西路,治所在今云南省泸西县,辖区包括今师宗县、弥勒市等地。至明代改为广西府。下文有叙及。

【译文】

黑彝为云南彝族中的贵族,凡是土官营长都出自黑彝。他们散居在云南、曲靖、临安、澄江、武定、广西、东川、昭通、楚雄、顺宁、蒙化等府,在鹤庆府的黑彝又叫作"海西子"。自唐代开始这些地方隶属东西两爨部落,元代收剿他们的土地并设立郡县,还让他们各自管辖百姓。他们砍树木盖房屋,以此代替瓦片,称苦片。那里的黑彝男子用青布缠头,或戴斗笠,穿布衣毡衫。妇女也用青布蒙头,穿布衣,披羊皮,缠足穿鞋。他们的语言和饮食与一般百姓没有大的区别。他们性情朴素鲁莽,喜欢射箭打猎,过年时杀鸡喝酒,摇铃铛来祈祷丰年。这些地方适宜种植稻黍,每年按时纳税。

云南等府黑彝
选自《皇清职贡图》彩绘册页本　(清)傅恒等／编绘
收藏于法国国家图书馆

云南等府黑彝妇
选自《皇清职贡图》彩绘册页本　(清)傅恒等／编绘
收藏于法国国家图书馆

云南等府白彝

白彝于彝种为低，云南等府及开化、景东皆有之，一名撒马都，又称为洒摩，其部落贡税与黑彝同。居处依山箐，或杂村落。男子以布蒙首，衣短衣，胸挂绣囊，着革履。妇女椎髻，蒙以青蓝布，缀海巴锡铃为饰，缠足着履，勤于耕作。婚姻以牛马纳聘。祭用丑月[①]，插山榛三百枝于门，诵经罗拜。有占卜则投麦于水，验其浮沉。其言语、饮食、输赋税均类齐民。

【注释】

① 丑月：农历以一月为子月，依次按照地支排列，十二月即子月。

【译文】

白彝在彝族中属平民种类，在云南等府及开化府、景东府都有分布，也叫撒马都，又称洒摩，纳税与黑彝相同。白彝住在深山中，有的也与汉人在村落杂居。白彝男子用布蒙头，穿短衣，胸挂绣囊，穿皮鞋。妇女结椎形发髻，髻上蒙青蓝布，戴着海巴和锡制的铃铛装饰物，她们缠足穿鞋，勤于耕作。婚姻以牛马为聘礼。每年阴历十二月祭祀时，他们在门前插山榛三百枝，诵经下拜。他们将麦子撒进水里占卜，以麦粒的浮沉来判断凶吉。他们的语言、饮食、税收均与一般百姓相同。

云南等府白彝 选自《皇清职贡图》彩绘册页本 （清）傅恒等/编绘 收藏于法国国家图书馆

云南等府白彝妇 选自《皇清职贡图》彩绘册页本 （清）傅恒等/编绘 收藏于法国国家图书馆

广南等府妙彝

妙彝皆土人官舍之裔，或称"虎头"，营长或称"官娜"，与黑白诸种异。广南、元江、开化、镇沅、大理、楚雄、永昌、永北、丽江、姚安十府皆有之。无部落，随各属土流兼辖。貌狞性悍，善用镖弩，耕种山地。冬月围炉中堂，举家卧其侧。男子椎髻短衣。妇女青布缠头，以幅布披右肩，绾于左腋。短衣短裙，跣足无裤。婚姻听女择配。其输租税与各种同。

【译文】

妙彝都是土官的后代，也称为"虎头"，营长有的称"官娜"，与黑白彝不同。妙彝在广南、元江、开化、镇沅、大理、楚雄、永昌、永北、丽江、姚安十府都有分布。没有部落，由土官和流官共同管辖。他们样貌狰狞，性情剽悍，擅长使用梭镖和弓弩，他们耕种在山地。冬天在房中生围炉，全家睡在围炉周边。妙彝男子椎髻，穿短衣。妇女用青布缠头，从右肩披副布，绾在左腋下。她们短衣配短裙，不穿裤子。妙彝的婚姻由女方决定。其税收与其他彝人相同。

广南等府妙彝　选自《皇清职贡图》彩绘册页本　（清）傅恒等/编绘　收藏于法国国家图书馆

广南等府妙彝妇　选自《皇清职贡图》彩绘册页本　（清）傅恒等/编绘　收藏于法国国家图书馆

曲靖等府僰夷

僰（bó）人，一名摆人。汉为叵簉甸（pǒ zào diàn），唐为步雄、嶍（xí）峨①二部，元初内附，其部落接壤缅甸车里。今云南、曲靖、临安、武定、广南、元江、开化、镇沅、普洱、大理、楚雄、姚安、永北、丽江、景东十五府皆有之。随各属土流兼辖，与齐民杂处。男子青布裹头，簪花饰以五色线，编竹丝为帽，青蓝布衣，白布缠胫，恒持巾帨。妇盘发于首，裹以色帛，系彩线分垂之，耳缀银环，着红绿衣裙，以小合包二三枚各贮白金于内，时时携之。地产五谷，宜荞麦，输纳粮税。常入市贸易。

【注释】

① 嶍（xí）峨：嶍山、峨山的合称，在中国云南省峨山县东北。

【译文】

僰人，也叫摆人。在汉代隶属叵簉甸，唐代隶属步雄、嶍峨两个部落，元朝初年归顺朝廷，部落居住的地方与缅甸的车里接壤。如今在云南、曲靖、临安、武定、广南、元江、开化、镇沅、普洱、大理、楚雄、姚安、永北、丽江、景东十五府都有分布。由土官和流官共同管理，与其他百姓杂居。僰人男子用青布裹头，簪五色线花头饰，戴竹丝制作的帽子，穿青蓝布衣，用白布裹腿，总拿着手巾。妇女盘发，包裹彩绸，头上系彩线，一条条垂着，她们戴银耳环，穿红绿衣裙，出门常携带分装银子的两三枚小荷包。这些地方产五谷，适合种荞麦，输粮纳税。僰人常入市贸易。

曲靖等府僰夷 选自《皇清职贡图》彩绘册页本 （清）傅恒等/编绘 收藏于法国国家图书馆

曲靖等府僰夷妇 选自《皇清职贡图》彩绘册页本 （清）傅恒等/编绘 收藏于法国国家图书馆

景东等府白人

白人其先居大理白崖川，即金齿白蛮部，皆僰种，后居景东府地。而云南、临安、曲靖、开化、大理、楚雄、姚安、永昌、永北、丽江等府俱有之，随各属土流兼辖其居处，与民相杂。风俗衣食悉仿齐民，有读书应试者，亦有缠头跣足，衣短衣，披羊皮者，又称"民家子"。岁输赋税。

【译文】

白人最先居住在大理白崖川，即金齿白人部落，与僰人同族，后来迁到景东府。他们在云南、临安、曲靖、开化、大理、楚雄、姚安、永昌、永北、丽江等府都有分布，由土官和流官共同管辖，与其他百姓杂居。他们的风俗、衣食与其他百姓没有差别，有读书考科举的，也有缠头光脚、穿短衣披羊皮的，又被称为"民家子"。每年缴纳赋税。

景东等府白人 选自《皇清职贡图》彩绘册页本 （清）傅恒等／编绘 收藏于法国国家图书馆

景东等府白人妇 选自《皇清职贡图》彩绘册页本 （清）傅恒等／编绘 收藏于法国国家图书馆

曲靖等府仲人

仲人与黔省仲家苗同一族类，曲靖、昭通与黔接壤，故所属皆有之。在曲靖者，宋时隶摩弥部，在昭通者，唐以后均隶乌蒙部，本朝改设流官管辖。其人好楼居。男子缠头，短衣跣足。妇女以青布为额箍，如僧帽然，饰以海巴，耳缀大环，衣花布缘边衣裙，富者或以珠缀之，白布束胫，缠足着履。男女皆勤耕作，输赋税。嗜食犬鼠，风俗朴陋。

【译文】

仲人与贵州省的仲家苗是同一族类，曲靖、昭通与贵州接壤，所以也有分布。在曲靖的仲人宋代隶属摩弥部；在昭通的仲人唐代以后均隶属乌蒙部。我朝改土归流，派流官管辖。仲人喜欢住吊脚楼。仲人男子缠头，穿短衣，光脚。妇女用青布箍额，像僧帽一样，还戴海巴头饰和大耳环。她们穿花布镶边的衣裙，富裕的有时用珍珠装饰。她们用白布裹腿，缠足穿鞋。仲人男女都勤于耕作，缴纳赋税。他们喜欢吃狗肉和老鼠肉，风俗朴素简陋。

曲靖等府仲人
选自《皇清职贡图》彩绘册页本 （清）傅恒等／编绘
收藏于法国国家图书馆

曲靖等府仲人妇
选自《皇清职贡图》彩绘册页本 （清）傅恒等／编绘
收藏于法国国家图书馆

广南等府沙人

沙人,安南土酋沙氏之裔,明初隶广南、广西府,屡不靖,沐氏①讨平。之后,土官沙定洲②据会城,为李定国所擒。本朝顺治十五年,平滇与迤(yǐ)东各郡,同时归顺,岁输粮赋。

散处广南、广西、曲靖、临安、开化等五府,其居多在高山深箐,名曰掌房,寝无衾枕,坐牛皮中,拥火达旦,以耕渔射猎为生。出入带刀弩,性狡而悍,男女衣饰颇类齐民,其风俗多同侬人,而慓劲过之。

【注释】

① 沐氏:为明代世袭黔国公,世镇云南。

② 沙定洲:明末清初,云南府王弄土司沙定洲叛乱,后被南明李定国打败,接管其地盘。1658年,李定国被清军歼灭,王弄土司归顺。

【译文】

沙人,是安南酋长沙氏的后代,明初隶属于广南府、广西府,总不安定,后被黔国公沐氏平定。土官沙定洲曾占据过省城,后被李定国擒获。顺治十五年(1658年),我军平定云南与迤东道的各郡,与诸郡同时归顺,每年纳税。

沙人分布在广南、广西、曲靖、临安、开化等五府,大多居住在高山深林里,房屋称为掌房。他们睡觉不用枕头被子,而是坐在牛皮中,用火堆取暖,以耕田渔猎为生。他们出入带刀箭,性格狡黠强悍。沙人男女的衣饰颇类似一般百姓,他们的风俗与侬人大多相同,但更加剽悍。

广南等府沙人 选自《皇清职贡图》彩绘册页本 （清）傅恒等／编绘 收藏于法国国家图书馆

广南等府沙人妇 选自《皇清职贡图》彩绘册页本 （清）傅恒等／编绘 收藏于法国国家图书馆

广南等府侬人

侬人，其土酋侬姓，相传为侬智高[①]之裔。宋时地曰特磨道，明改广南府，本朝平滇，设流官，仍授侬氏后为土同知，今广南、广西、临安、开化等府有此种。喜楼居，脱履而登，坐卧无床榻。男子以青蓝布缠头，衣短衣，白布束胫。妇束发裹头，短衣密纽，紧系细折桶裙，着绣花履，性悍好斗，出则携镖弩，其类与沙人相似，岁纳粮赋。

【注释】

① 侬智高：宋代人，曾起事，被狄青平定。

【译文】

侬人，因他们的酋长姓侬而得名，相传为宋代侬智高的后裔。广南府在宋代时叫特磨道，明朝改称此名，我朝平定云南后改土归流，但也根据惯例授侬氏后人为土同知，现在广南、广西、临安、开化等府也有侬人分布。侬人喜欢住吊脚楼，他们脱鞋上楼，坐卧不用床。男子用青蓝布缠头，穿短衣，用白布绑腿。妇女束发裹头，穿纽扣很多的短衣，系细折桶裙，穿绣花鞋。他们性格强悍好斗，外出则携带梭镖弓弩，与沙人类似，每年纳粮缴税。

广南等府侬人 选自《皇清职贡图》彩绘册页本 （清）傅恒等/编绘 收藏于法国国家图书馆

广南等府侬人妇 选自《皇清职贡图》彩绘册页本 （清）傅恒等/编绘 收藏于法国国家图书馆

顺宁等府蒲人

蒲人,即浦蛮,相传为百濮苗裔。宋以前不通中国,元泰定间始内附,以土酋猛氏为知府,明初因之,宣德中改土归流,今顺宁、澄江、镇沅、普洱、楚雄、永昌、景东等七府有此种。居多傍水,不畏深渊,寝无衾榻,食惟荞稗。男子青布裹头,着青蓝布衣,披毡褐,佩刀跣足。妇青布裹头着花布,短衣长裙,跣足,常负米入市供赋税。

【译文】

蒲人,就是浦蛮,相传为古代南方百濮的后裔。宋代以前不通中国,元朝泰定年间归顺,任命酋长猛氏为知府,明初依照元代惯例,宣德年间改土归流,如今在顺宁、澄江、镇沅、普洱、楚雄、永昌、景东等七府有分布。蒲人多居住在水边,不怕深渊。他们睡觉不用枕头被子,只吃荞麦和稗子。男子用青布裹头,穿青蓝布衣,披毡子,穿短衣,佩刀光脚。妇女用青布裹头,头戴花布,穿短衣配长裙,光脚,常背米到市集缴纳赋税。

顺宁等府蒲人
选自《皇清职贡图》彩绘册页本 （清）傅恒等/编绘
收藏于法国国家图书馆

顺宁等府蒲人妇
选自《皇清职贡图》彩绘册页本 （清）傅恒等/编绘
收藏于法国国家图书馆

丽江等府怒人

怒人以怒江甸得名。明永乐间改为潞江长官司,其部落在维西边外,过怒江十余日,环江而居。本朝雍正八年归附,流入丽江鹤庆境内,随二府土流兼辖。性猛悍,能以弓矢射猎。男子编红藤勒首,披发,麻布短衣,红帛为裤而跣足,妇亦如之。常负筐持囊相售黄连,亦知耕种,以虎皮、麻布、黄蜡等物,由维西通判充贡。

【译文】

怒人因为怒江甸而得名。明永乐年间,在怒江甸设立潞江长官司,怒人部落在维西县境外,居住在江两岸,跨过怒江互通需要绕十余天的路。我朝雍正八年(1730年),怒人部落归顺朝廷,划入丽江、鹤庆境内,由这两府官员管辖。怒人性情勇猛强悍,能用弓箭射猎。男子编红藤勒首,披发,穿麻布短衣和红绸裤,光脚,妇女也一样。他们常背着筐拿着布袋售卖黄连,也会耕种,他们将虎皮、麻布、黄蜡等物交与维西通判以上贡朝廷。

丽江等府怒人 选自《皇清职贡图》彩绘册页本 （清）傅恒等/编绘 收藏于法国国家图书馆

丽江等府怒人妇 选自《皇清职贡图》彩绘册页本 （清）傅恒等/编绘 收藏于法国国家图书馆

鹤庆等府求人

求人居澜沧江大雪山外，系鹤庆丽江西域外野夷。其居处结草为庐，或以树皮覆之。男子披发，着麻布短衣裤，跣足。妇耳缀大铜环，衣亦麻布。种黍稷，以刷黄连为生。性柔懦，不通内地语言，无贡税，更有居山岩中者，衣木叶，茹毛饮血，宛然太古之民。求人与怒人接壤，畏之，不敢越界。

【译文】

求人居住在澜沧江大雪山外，是鹤庆府丽江以西的域外野人。他们结草为庐，有时用树皮覆盖在上面。求人男子披发，穿麻布短衣短裤，光脚。妇女戴大铜耳环，也穿麻布衣服。他们以种黍稷、挖黄连为生。他们性情温柔，不懂汉语，不纳税。还有住在山洞中的求人，他们穿树叶做的衣服，茹毛饮血，如同上古先民一般。求人与怒人居住的地方接壤，但他们害怕怒人，不敢越界。

鹤庆等府求人
选自《皇清职贡图》彩绘册页本　（清）傅恒等／编绘
收藏于法国国家图书馆

鹤庆等府求人妇
选自《皇清职贡图》彩绘册页本　（清）傅恒等／编绘
收藏于法国国家图书馆

贵州省

贵阳、大定等处花苗

花苗，本西南夷，亦苗之一种，向无土司，自明时隶之。贵阳大定遵义等府民苗杂居，与编户一体输粮。有大头小花之称，衣以蜡绘花于布而染之，既染去蜡，则花纹似锦衣，无襟衽挈领，自首以贯于身。男以青布裹头，女以马尾杂发，编髻大如斗，拢以木梳。俗以六月为岁首，每岁孟春择平地为月场。男吹芦笙，女摇铃盘旋歌舞，谓之跳月。相悦则共处，生子乃归夫家，其性戆（gàng）而畏法。

【译文】

花苗，原本是西南苗族的一种，向来没有土司，明朝时归顺朝廷。贵阳、大定、遵义等府民苗杂居，一样上交赋税。花苗有大头小花的称号。他们的衣服做法为：在布上用蜡绘花，再浸染去蜡。这样做出来的衣服花纹像锦衣的一样。他们的衣服没有襟、袖、领，穿的时候从头贯到身上。花苗男子用青布裹头，妇女发间编入马尾鬃，编大如斗的发髻，并用木梳拢着。他们以六月为岁首，每岁早春选择平坦的地方祭月。男子吹芦笙，妇女摇铃铛，相互盘旋歌舞，叫作跳月。男女相悦就约定为婚姻，住在一起。生的孩子随夫家姓。他们性情鲁莽，但畏惧法度。

花苗 选自《蛮苗图说》彩绘本 （清）陈浩／著

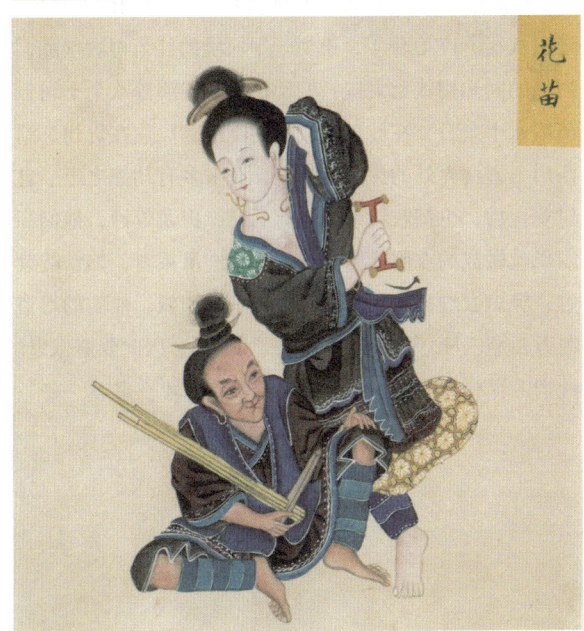

花苗 选自《蛮苗图说》彩绘本 （清）陈浩／著

铜仁府属红苗

铜仁府属红苗,元及明初分置长官司以领之。万历间,铜仁大万二土司改土归流,设铜仁县治。本朝雍正八年,平松桃红苗复叛,驻同知以资弹压,仍领省溪等八土司,岁征苗粮八十余石。其在坡东坡西者,地连黔楚蜀三省,山深箐密,俱系生苗,向颇劫掠为患。自剿抚后,亦俱敛戢矣。苗有石麻、田龙等姓,衣用自织斑丝。男椎髻约以红帛,女戴紫笠,短衣绛裙,缘以锦,垂带如佩。其俗五月寅日,夫妇各宿,键户禁语,以避虎伥。性悍,好斗妇,劝乃解。

【译文】

隶属于铜仁府的红苗,元至明初设置长官司管理。万历年间,朝廷将铜仁府大、万两个土司改土归流,设铜仁县管理。我朝雍正八年(1730年),隶属于平松桃的红苗再次叛乱,驻守当地的同知用钱财安抚,朝廷仍然管省溪等八个土司,岁征苗粮八十余石。在坡东和坡西的红苗,居住在贵州、湖南、四川三省交界处的深山老林里,向来多有劫掠之患。自从征讨安抚后,也都收敛了。苗有石麻、田龙等姓,他们穿用自织斑丝做成的衣服。男子椎髻,用红帛系着,妇女戴紫色斗笠,穿短衣红裙,用彩锦缘边,垂带如佩。他们的习俗是,农历五月三日,夫妇分睡,闭门不说话,以此躲避伥鬼。男子性情凶悍,喜欢与妇女争斗,经过劝解才平息。

红苗
选自《蛮苗图说》彩绘本 （清）陈浩／著

红苗
选自《蛮苗图说》彩绘本 （清）陈浩／著

黎平、古州等处黑苗

黎平等处黑苗，宋时设古州八万军民总管府以镇抚之，明洪武初诸洞来朝，分置十四长官司，后于其地设黎平府治，而古州八寨、丹江一带向居化外。

本朝雍正七八年间，开辟苗疆，仍留古州等土司，化诲管辖，认纳苗赋。至十三年，豁免其人。衣短尚黑，女绾长簪，垂大环，衣裙缘以色锦。皆跣足，陟巉岩捷如猿猱。颇勤耕织，寒无重衣，夜无卧具。食惟糯稻，炊熟以手持食，藏肉瓮中，以腐臭为佳。女嫁三日仍还，母家向婿索头钱，不与则另嫁。以腊月辰日为岁首，每周一纪，以牡牛祭神，谓之"吃牯脏"①。

【注释】

① "吃牯脏"：贵州东南部苗族一个盛大的祭祖仪式，因以牯牛内脏供祭得名。

【译文】

黎平等处黑苗，宋朝设古州八万军民总管府镇压安抚，明朝洪武初归顺，分置十四长官司，后设黎平府管理，但向来居住在古州八寨、丹江一带的黑苗除外。

我朝雍正七八年间，朝廷开发苗疆，仍然保留古州等土司来教化管理，开始收缴苗人赋税。到十三年（1735年），免除他们的赋税。黑苗人穿短衣，尚黑。妇女绾发，长簪，戴大耳环，穿彩锦镶边的衣裙。他们都不穿鞋，攀爬高峻的山岩敏捷如猿猱。他们颇为勤力耕织，没有厚衣物御寒，睡觉不用床。他们只吃糯米,用手抓食。他们把肉藏在瓮中,以腐臭为佳。女方嫁到男方三天后回娘家,娘家向女婿要头钱,男方家不给女方就另嫁。他们以腊月十二日为岁首,每十二天为一纪。他们用公牛祭神,叫作"吃牯脏"。

黑苗
选自《蛮苗图说》彩绘本　(清)陈浩 著

黑苗
选自《蛮苗图说》彩绘本　(清)陈浩 著

贵定、龙里等处白苗

白苗，亦西南夷之一种，其族类不可考，历代并无土司管辖，明时始列版图。贵定、龙里、黔西等县皆有之，民苗杂居，一体输赋。男科头赤足，妇盘髻长簪，衣尚白，短仅及膝。岁以牯牛祀祖，惟主祭者衣青。先期择牡者与各寨牛合斗，胜即为吉。跳月之习与花苗同，性戆厉，转徙不恒。

【译文】

白苗，也是西南少数民族的一种，他们的族类不可考证，历代都没有土司管辖，明朝时才归顺。白苗在贵定、龙里、黔西等县都有分布，民苗杂居，同等纳税。白苗男子不戴帽子，不穿鞋。妇女盘髻，簪长簪，衣物以白色为风尚，形制很短，仅到膝盖。他们每年岁首用公牛祭祀祖先，只有主祭穿青衣。祭祀之前会约定日期，用祭祀的牛与其他寨祭祀的牛混合而斗，胜利即为吉祥。他们跳月的习俗与花苗相同。白苗人性情鲁莽刚烈，不断迁徙。

207

白苗
选自《蛮苗图说》彩绘本 （清）陈浩／著

白苗
选自《蛮苗图说》彩绘本 （清）陈浩／著

贵筑、修文等处蔡家苗

蔡家苗,本春秋蔡人之裔。蔡为楚子①蚕食俘其民而放之,南徙遂流为夷。向无土司管辖,明时隶贵筑、修文。清平清镇、威宁、大定、平远等州县,民苗杂居,一体计田输赋。男子以毡为衣。妇人髻高尺许,用长簪挽之,短衣长裙,翁妇不通言,颇异苗俗。

【注释】

① 楚子:指楚成王。

【译文】

蔡家苗,原本是春秋时期蔡人的后裔。蔡国被楚国蚕食后,流放了俘虏蔡国的百姓,南迁的部分就成为了蔡家苗。蔡家苗向来无土司管辖,明朝时隶属于贵筑、修文两个县,我朝平定清镇、威宁、大定、平远等州县后,汉民苗民杂居,同等计田亩纳税。蔡家苗男子穿毡衣。妇女的发髻高尺许,用长簪挽住,穿短衣长裙。老翁和妇女不通汉语,与苗俗颇有不同。

蔡家苗 选自《蛮苗图说》彩绘本 （清）陈浩／著

蔡家苗 选自《蛮苗图说》彩绘本 （清）陈浩／著

贵阳府属宋家苗

宋家苗，本春秋宋人之裔，其先亦为楚子所俘，流为南夷。向无土司管辖，明时隶贵阳府，民苗杂居，一体计田输赋。男子帽而长襟，妇人笄而短襟。女嫁时，夫家遣人往迎，母家率众棰楚之，谓之夺袍。颇通汉语，勤耕织，知礼法，有读书入泮者。

【译文】

宋家苗原本是春秋时期宋国人的后裔，他们的祖先也是被楚成王所俘虏的，流放为南方夷人。宋家苗向来没有土司管辖，明朝时隶属于贵阳府，与汉民杂居，同等以田亩数纳税。宋家苗男子戴帽子，穿长襟衣服。妇女笄发，穿短襟衣服。女方出嫁时，夫家派人迎接，娘家带领众人用棍子驱赶，叫作夺袍。宋家苗颇通汉语，勤耕织，知礼法，有读书做官的。

宋家苗
选自《蛮苗图说》彩绘本 （清）陈浩／著

宋家苗
选自《蛮苗图说》彩绘本 （清）陈浩／著

清平县九股苗

清平县属凯里地方之九股苗,本南夷种。后汉诸葛亮南征悉剿除之,仅存九人,其后蔓延,遂名九股。先属播州之安宁安抚司。本朝康熙四十一年改土归流,隶清平县。男女习俗服食与黑苗同,而性尤剽悍。以铠甲为常服,自膝以下用铁片缠裹,左执木牌,右持标杆,口衔利刃,捷走如飞。又善造强弩,能贯重铠。雍正十年,出肆劫掠,经官兵剿抚,遂搜缴兵甲,建城安汛同于内地。

【译文】

隶属于清平县属凯里一带的九股苗,原本是南方少数民族。三国时期,蜀汉诸葛亮南征,剿灭其族,仅留存九人,之后繁衍,于是命名为九股。起先隶属于播州安宁安抚司,我朝康熙四十一年(1702年)改土归流,隶属于清平县。九股苗男女服饰饮食习俗与黑苗相同,但性情更为剽悍。他们以铠甲为常服,自膝以下用铁片缠裹,左执木牌,右持标杆,口衔利刃,捷走如飞。他们还擅造强弩,造的强弩能贯穿重铠。雍正十年(1732年),九股苗出来劫掠,官兵剿抚并收缴了他们的兵器铠甲。他们建城防汛与内地相同。

九股苗
选自《蛮苗图说》彩绘本 （清）陈浩／著

九股苗
选自《蛮苗图说》彩绘本 （清）陈浩／著

大定府威宁州猓猡

猓猡（luǒ luó）在威宁州之水西，蜀汉时有济火者从诸葛亮破孟获有功，封罗甸国王，其后为安氏，元明内附授宣慰使。本朝康熙初改土归流，置咸宁州治，领偏桥正副二长官司，仍以安氏世袭。其正妻曰耐德，嗣子如幼不能主事，耐德即为女官。男青布缠头，短衣大袖。女辫发，亦缠以青布银花贴额，耳垂大环，拽长裙三十余幅。性悍，喜斗。俗尚鬼，又名罗鬼，有黑白二种。别有文字，曰鬼字。夷民一体输税，土产马。

【译文】

猓猡居住在威宁州的水边西岸，蜀汉时期，有个猓猡因为放火帮助诸葛亮破孟获有功，被封为罗甸国王，他的后人为安氏，元明归顺朝廷，授宣慰使。我朝康熙初改土归流，置咸宁州治理，统领偏桥正副二长官司，仍以安氏世袭任职。安氏的正妻叫耐德，嗣子如果年幼不能主事，耐德即为女官。猓猡男子用青布缠头，穿大袖短衣。妇女梳辫，也缠头，并用青布银花贴额，耳戴大环，拽长裙三十余幅。他们性情凶悍，喜斗。他们的习俗崇尚鬼，崇尚的鬼名叫罗鬼，有黑白两种。还有文字，叫鬼字。他们与百姓同等纳税，当地产马。

猓猡苗
选自《蛮苗图说》彩绘本 （清）陈浩 著

猓猡苗
选自《蛮苗图说》彩绘本 （清）陈浩 著

贵州等处仡佬[①]

仡佬系西南夷黔中所在多有之,向无土司,明始归流,分隶各州县,其种类亦不一。男女以幅布围腰,旁无襞积谓之桶裙。花布曰花仡佬,红布曰红仡佬,各为一族,不通婚姻。屋宇去地数尺,架以巨木,上覆杉叶,如羊栅谓之羊楼,与民杂处一体计田输赋。

【注释】

① 仡佬(gē lǎo):我国少数民族之一,主要分布在贵州。

【译文】

仡佬在贵州各西南少数民族中多有分布,向来未置土司,明朝才开始改土归流,分隶各州县,他们的种类也不一样。仡佬男女用幅布围腰,两旁没有褶纹的叫作桶裙。穿花布的叫花仡佬,穿红布的叫红仡佬,各为一族,不通婚姻。他们的屋宇距离地面数尺,用巨木架着,上面覆盖着杉树叶,像羊栅的叫作羊楼。他们与百姓同等计田纳税。

土仡佬 选自《蛮苗图说》彩绘本 （清）陈浩 著

土仡佬 选自《蛮苗图说》彩绘本 （清）陈浩 著

红仡佬
选自《蛮苗图说》彩绘本 （清）陈浩／著

红仡佬
选自《蛮苗图说》彩绘本 （清）陈浩／著

贵定黔西等处木佬

木佬与剪发仡佬同，领于平伐等土司，其部落沿革并同于平伐诸苗，盖以族类而异其称者。男以青布缠首，女偏髻短衣裙仅覆膝。娶妇异寝，生子后乃同室。孟冬缚草龙，插五色纸旗以祀鬼。其在都匀、清平者风俗、服食俱类汉人，有读书为诸生者。

【译文】

木佬与剪发仡佬相同，隶属于平伐等土司管辖，他们的部落沿革与平伐诸苗的相同，大概是同族类但称呼不同。木佬男子用青布缠头，妇女偏髻，穿短衣，裙仅覆膝。木佬人结婚后分房睡，等妻子生子后才同睡。他们在早冬捆缚草龙，在草龙上面插五色纸旗，以此祀鬼。在都匀、清平的木佬人，风俗、服食都类似于汉人，有读书应试成为诸生的。

定番州八番

　　八番者,以元时有程番、龙番、方番、金石番、卢番、罗番、韦番、洪番等八长官司,故以为名。散处于定番州地方,其部落沿革与定番州之谷蔺苗同。男女衣服类汉人,女劳男逸,日出而耕,暮归而织。刳(kū)木作臼,曰碓(duì)塘,临炊始取稻舂之。以寅午日①为市,以十月望日为岁首,宴会击长腰鼓为乐,与编民一体输赋。

【注释】

① 寅午日:寅日与午日的合称。

【译文】

　　定番州八番,因为元朝时有程番、龙番、方番、金石番、卢番、罗番、韦番、洪番等八长官司,故此得名。他们散居于定番州各个地方,他们的部落沿革与定番州的谷蔺苗相同。男女穿的衣服类似于汉人,妇女勤劳,男子享受安逸生活。他们日出而耕,暮归而织,刳木作臼,叫碓塘,做饭的时候才开始舂稻。他们以寅午日为集市,以十月十五日为岁首,宴会击长腰鼓为乐,他们与编入户籍的百姓同等纳税。

八番苗
选自《蛮苗图说》彩绘本 （清）陈浩／著

八番苗
选自《蛮苗图说》彩绘本 （清）陈浩／著

普安州属僰人

僰人在唐为于矢部,元属普安安抚司,明置普安州,仍以土州同领之。本朝康熙四十一年改土归流。男女皆披毡衣,垢不沐浴。以六月二十四日为岁首,朔望日不乞火。性淳好佛,持诵梵咒。凡猓猡、仡佬、仲家苗言语有不通者,常以僰人传之。

【译文】

僰人在唐朝隶属于于矢部,元朝属普安安抚司,明朝置普安州,仍然由土司和州府共同管辖。我朝康熙四十一年(1702年)改土归流。僰人男女皆披毡衣,身上脏了不沐浴。他们以六月二十四日为岁首,初一、十五日不生火。他们性情淳朴,好佛,常持经诵咒。凡是猓猡、仡佬、仲家苗言语有不通的,经常请僰人来翻译交流。

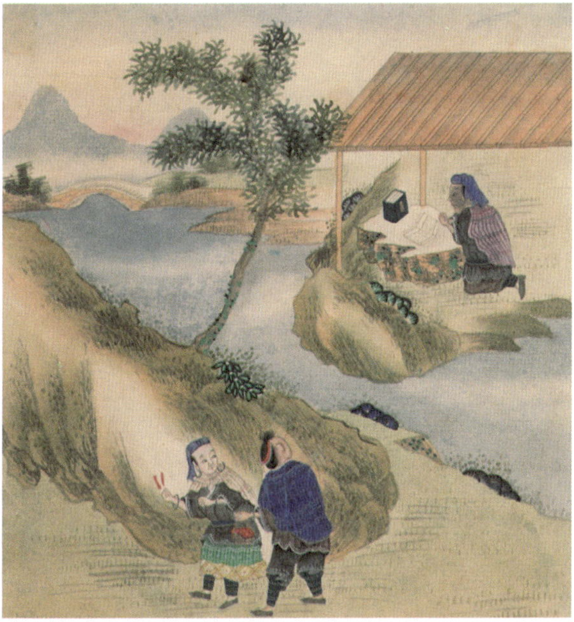

僰人苗
选自《蛮苗图说》彩绘本 （清）陈浩一著

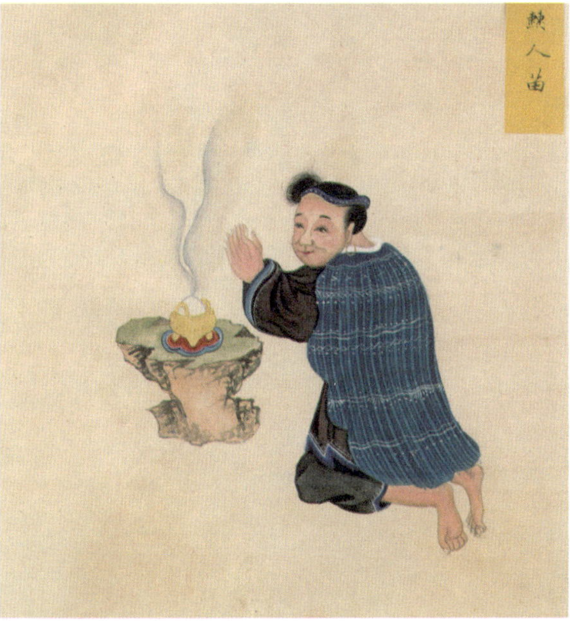

僰人苗
选自《蛮苗图说》彩绘本 （清）陈浩一著

下游各属峒人

峒人亦西南夷之一种,散处下游各属山谷中,向未设有土司,明时始隶郡县。冬采茅花装衣以御寒,饮食避盐酱。性多忌,夫妇出入必偶,能织峒锦。

【译文】

峒人也是西南少数民族的一种,他们散居在下游各山谷中,向来没有土司,明朝时才开始隶属于郡县。他们在冬天采茅花装衣来御寒,饮食避盐酱。他们性情多猜忌,夫妇必一起出入,能织峒锦。

峒人苗
选自《蛮苗图说》彩绘本 （清）陈浩／著

峒人苗
选自《蛮苗图说》彩绘本 （清）陈浩／著

贵定县瑶人

瑶人其种类与楚粤诸瑶同,雍正二年自粤西迁至归贵定县之平伐土司管辖。居无常所,多择溪水边。男女衣尚青,长不过膝。岁时祀盘瓠为祖,勤耕种,颇知医。暇则入山采药。有书名榜簿,皆圆印篆文,其义不可解,珍为秘宝。

【译文】

瑶人的种类与楚粤诸瑶的种类相同,他们在雍正二年(1724年)从粤西迁徙到归贵定县,由平伐土司管辖。他们居无常所,多选择溪水边居住。男女穿衣尚青色,长不过膝。他们过年时,祭祀盘瓠,勤耕种,颇知医。闲暇则入山采药。他们有叫作《榜簿》的书,上面都是圆印篆文,文字的意义难以理解,被他们珍为秘宝。

瑶人苗
选自《蛮苗图说》彩绘本 （清）陈浩／著

猺人苗
选自《蛮苗图说》彩绘本 （清）陈浩／著

四川省

松潘镇中营辖、西坝、包子寺等处番民

松潘，古氐羌地。唐置松州后为吐蕃所有。宋时蕃将潘罗支领之名潘州。明置松潘等卫安抚司。其包子寺、拈佑、喀亚寨、热雾、作埧（jù）寨于本朝康熙四十一年归化，毛草阿按寨、麦杂蛇湾寨于雍正二年归化，各设土千户、百户管辖，给以号纸俾。其承袭居多山谷。番民剃发留辫，戴白毡缨帽，衣用羊皮、以布缘之。番妇发垂两辫，束以红帛，缀螺蚌为饰，衣布褐、缘边衣，常以木桶负水，颇习耕织，输粮赋。

【译文】

松潘在古代是羌国的地域。唐朝时设置松州以辖该地，后被吐蕃占有。宋朝时，吐蕃将潘罗支改名为潘州。明朝时，朝廷设置松潘等卫安抚司管理。其中包子寺、拈佑、喀亚寨、热雾、作埧寨于我朝康熙四十一年（1702年）归顺，毛草阿按寨、麦杂蛇湾寨于雍正二年（1724年）归顺，朝廷分别设千户土司、百户土司管辖，授予土司职位。这些地区的番民沿袭传统多居住在山谷间。番民男子剃发留辫，戴白毡缨帽，穿以羊皮为底料，用布缝合的衣服。番民妇女发垂两辫，用红帛扎着，并戴有螺蚌首饰。她们穿着粗布缘边的衣服，常常用木桶背水。这些番民颇懂耕织，按时交纳赋税。

松潘镇中营辖、西坝、包子寺等处番民 选自《职贡图》卷 （清）谢遂 收藏于中国台北故宫博物院

威茂协辖瓦寺宣慰司番民

古冉放国,汉为汶山郡,唐改茂州,明洪武中平蜀置威茂道开府。其地其瓦寺,番居大江西南之山谿(xī)中,号西沟生番。正统时滋扰内地,有桑纳思霸者平之,授为宣慰使。本朝顺治七年归化,仍令承袭,在汶川等县输赋。俗勇悍,屡奉征调,崇尚喇嘛,病则诵经。番民衣服与内地相似。妇女挽髻,裹花布巾,长衣折裙。勤于耕作,秋成后夫妇相携赴内地佣工,名为"下坝",春月始归播种,岁以为常。

【译文】

上古时期的冉放国,在汉代为汶山郡,唐代改为茂州,明朝洪武时期平定蜀地,设置威茂道开府。其中,瓦寺的番民居住在大江西南岸的山谷中,叫作西沟生番。他们在明朝正统年间曾经滋扰内地,被桑纳思平定,授予他为宣慰使。我朝顺治七年(1650年)归顺,朝廷仍然命令他承袭,在汶川等县纳税。这些番民勇敢强悍,多次被征调。他们信奉喇嘛,生病了就诵经祈祷。番民男子穿衣与内地相似。番民妇女挽髻,裹花布巾,穿长衣褶裙。他们勤于耕作,秋收后,夫妇相携着到内地当佣工,叫作"下坝",到春天才回去播种,每年都是如此。

威茂协辖瓦寺宣慰司番民
选自《职贡图》卷 （清）谢遂 收藏于中国台北故宫博物院

威茂协辖杂谷各寨番民

杂谷，本唐时吐蕃部落。本朝康熙二十三年土目桑吉朋投诚，授安抚司土同知。其后苍旺者，于乾隆十四年以效力金川，授宣慰使。十七年谋逆伏诛，改土归流，设理番同知管辖。居处碉房，饮酥油熬茶，食青稞、麦面。男女相悦携手歌舞，名曰"锅桩"。俗尚喇嘛，重女轻男。番民戴巾帽，耳缀铜环，衣褐，佩刀。番妇辫发，接红牛毛盘之，以珊瑚松石为饰，短衣长裙，习织毛褐。又松冈寨向隶杂谷，今以苍旺弟根濯斯甲为长官司领之。

【译文】

杂谷原本是唐朝时吐蕃的部落。我朝康熙二十三年（1684年）吐蕃的首领桑吉朋归顺，授予他安抚司土同知管理此地。之后，他们的首领苍旺在乾隆十四年（1749年）因为效力金川，被授予宣慰使。但他在乾隆十七年（1752年）谋逆，被诛，此地遂被朝廷改土归流，设置理番同知来管理。这些地方的番民住碉房，饮酥油茶，吃青稞、麦面。男女两情相悦就携手歌舞，叫作"锅桩"。他们信奉喇嘛，重女轻男。番民男子戴巾帽，耳戴铜环，穿褐色衣服，佩刀。番民妇女辫发，用红牛毛接上盘起来，并戴着珊瑚松石首饰，她们衣短长裙，习织毛褐。另外，松冈寨向来隶属于杂谷，现在苍旺的弟弟根濯斯甲为理番同知，管理此地。

威茂协辖杂谷各寨番民 选自《职贡图》卷 (清)谢遂 收藏于中国台北故宫博物院

威茂协辖小金川番民

小金川，即金川寺，其酋坚参利卜于康熙五年归化，颁给演化禅师印。其弟吉尔卜细承袭所属，有美诺章固各寨。性强勇，好仇杀，以耕牧为生，崇信喇嘛。番民椎髻，毡帽缀以豹尾，短衣折裙，身佩双刀。番妇以黄牛毛续发作辫盘之，珊瑚为簪，短衣，革带，长裙，跣足，往来负戴，亦知纺织。又有逊克尔宗石南坝等处，男女身缠幅布，蔽以羊皮，婚配后始着衣裙，俗愈朴陋。

【译文】

小金川，即金川寺。那里番民的酋长坚参利卜于康熙五年（1666年）归顺，朝廷颁给他演化禅师印。他的弟弟吉尔卜细承袭他的职位。小金川的番民居住在美诺、章固各个寨子。他们性情刚强勇敢，好仇杀，以耕牧为生，信奉喇嘛。番民男子椎髻，戴缀着豹尾的毡帽，穿短衣褶裙，身佩双刀。番民妇女用黄牛毛续发辫，并盘着。她们簪珊瑚簪，穿短衣，系皮带，穿长裙，不穿鞋，往来负戴，也懂纺织。另外，居住在逊克尔、宗石南坝等地方的番民，男女身缠幅布，外遮羊皮。结婚后才开始穿衣裙，习俗更加朴陋。

威茂协辖小金川番民

选自《职贡图》卷 （清）谢遂 收藏于中国台北故宫博物院

西藏自治区

西藏所属卫、藏、阿尔、喀木诸番民

西藏,古西南徼①外诸羌戎地,唐宋为吐蕃部落,今皆皈依达赖喇嘛,我朝命大臣驻守之。其地有四,曰卫②、曰藏③、曰阿尔④、曰喀木⑤,共辖城六十余。番民男戴高顶红缨毡帽,穿长领褐衣,项挂素珠。女披发垂肩,亦有辫发者,或时戴红毡凉帽,富家则多缀珠玑以相炫耀。衣外短内长,以五色褐布为之。能织番锦毛罽,足皆履革鞮。其赋税俱进之达赖喇嘛。

【注释】

① 徼(jiào):边界。

② 卫:今拉萨市一带。

③ 藏:今日喀则市一带。

④ 阿尔:今阿里地区,在西藏西北部。

⑤ 喀木:藏语康方言区,今包括怒江、澜沧江、金沙江和雅砻(lóng)江流域的广大地区。

【译文】

西藏是古代西南塞外羌戎聚居的地方,唐宋时为吐蕃部落,现在全部皈依达赖喇嘛,我朝任命大臣驻守。西藏有卫、藏、阿尔、喀木四个区域,共管辖六十余座城。西藏男子头戴高顶红缨毡帽，穿长领褐衣，脖子戴白珠。妇女披着发，垂肩，也有辫发的，她们有时戴红毡凉帽，富贵人家的女子多戴缀满珠宝的饰品，并互相炫耀。她们的外衣短，内衣长，由五色褐布制成。她们能织丝绸和毛毡，穿皮鞋。赋税都上缴给达赖喇嘛。

西藏所属卫、藏、阿尔、喀木番民 选自《皇清职贡图》彩绘册页本 （清）傅恒等/编绘 收藏于法国国家图书馆

西藏所属卫、藏、阿尔、喀木番妇 选自《皇清职贡图》彩绘册页本 （清）傅恒等/编绘 收藏于法国国家图书馆

西藏所属布噜克巴番人

布噜克巴部落[①]，在藏地之西南，本西梵国[②]所属，西藏郡王颇罗鼐[③]始招服之，今每岁遣人赴藏恭请圣安。其男子披发，裹以白布，如巾帻然。着长领褐衣，肩披白单，手持素珠。妇女盘发后垂，加以素冠，着红衣，外系花褐长裙，肩披青单，项垂珠石缨络，围绕至背。其俗知崇佛，唪经[④]，然皆红教也。

【注释】

① 布噜克巴部落：即今不丹。

② 梵国：即今印度。

③ 颇罗鼐：Polhanas（1689—1747），本名琐南多结，西藏贵族，江孜人。最初为拉藏汗秘书。康熙五十九年（1720年），配合阿里总管康济鼐出兵策应进藏清军，击退入侵的准噶尔军。后被清政府任命为四噶伦（总理西藏政务官员）之一，任仔本（审计官），掌管财政。1729年，不丹发生内乱，请求清政府维和。1730年，清政府派西藏地方官员颇罗鼐调停不丹内乱，不丹从此成为西藏附属国。乾隆四年（1739年），颇罗鼐因政绩突出被封郡王，配合驻藏大臣共同统治西藏。

④ 唪（fěng）经：佛教徒或道教徒高声念经。

【译文】

　　布噜克巴部落，居住在藏地西南，原来是西边梵国的属国，直到西藏郡王颇罗鼐当政时，才被其招抚归顺西藏，现在每年布噜克巴王还派人到西藏恭请圣安。布噜克巴男子披发，用白布裹头，形制像中国的头巾。他们身穿长领褐衣，肩披白布单，手拿念珠。妇女盘发并后垂，戴素色帽子，穿红衣，系花褐长裙，肩披青布单，她们戴珠宝项链，项链能围绕到后背。他们信奉藏传佛教中的红教，有诵经习惯。

西藏所属布噜克巴番人 选自《皇清职贡图》彩绘册页本 （清）傅恒等／编绘 收藏于法国国家图书馆

西藏所属布噜克巴番妇 选自《皇清职贡图》彩绘册页本 （清）傅恒等／编绘 收藏于法国国家图书馆

西藏所属穆安巴①番人

穆安巴部落，本亦西梵国所属，因与布噜克巴番人接壤，常赴藏地。其男子披发，顶覆红牛毛，毵毵②四垂，褐衣革鞮，肩披黄单。女披发，约以金箍缀珠钿，褐衣跣足，亦有着革鞮者。

【注释】

① 穆安巴：Mon-pa 的音译。穆安巴人即现在的门巴族（Moinba），主要分布在西藏自治区东南部的门隅和墨脱地区，错那县的勒布为主要聚居区。

② 毵（sān）毵：毛发、枝叶等细长四垂纷乱的样子。

【译文】

穆安巴部落，原来也是西边梵国的属国，因与布噜克巴接壤，所以穆安巴人经常借此入藏。穆安巴男子披发，头顶戴红色牛毛，四下垂落。他们穿褐衣，穿皮鞋，肩披黄布单。妇女披发，用镶缀珠宝的金箍扎头发，穿褐衣，光脚，也有穿皮鞋的。

西藏所属穆安巴番人
选自《皇清职贡图》彩绘册页本 （清）傅恒等／编绘
收藏于法国国家图书馆

西藏所属穆安巴番妇
选自《皇清职贡图》彩绘册页本 （清）傅恒等／编绘
收藏于法国国家图书馆

西藏巴哷喀木等处番人

巴哷喀木部落在藏地之东，所属有里塘、巴塘、查穆铎等处。其男子戴白毡锐顶帽，上插鸟羽三枝，着红褐长领衣，皂袜朱履，胸佩护心小镜①，时负番锦等物赴藏贸易。妇女盘髻，戴红绿布冠，额缀珠钿，领围绣巾，肩披红单衣，用各色褐布，外系缘边褐裙，束以锦带，跣足不履，亦有着革鞮者。多皈依红教。

【注释】

① 护心小镜：镶嵌在胸口的金属防具，用来防御刀箭。

【译文】

巴哷喀木部落居住在西藏东部的里塘、巴塘、查穆铎等地方。巴哷喀木男子戴白毡锐顶帽，上面插有三根羽毛。他们穿红褐长领衣，穿黑袜红鞋，胸口佩戴护心小镜，时常背着丝绸等货物到西藏贩卖。妇女盘发髻，戴红绿布帽，额头饰有珠宝，领口围绣巾，肩披用各色粗布做成的红单衣，外系花边粗布裙，腰缠锦带，光脚，也有穿皮鞋的。他们大多信奉藏传佛教中的红教。

西藏巴哷喀木等处番人
选自《皇清职贡图》彩绘册页本 （清）傅恒等／编绘
收藏于法国国家图书馆

西藏巴哷喀木等处番妇
选自《皇清职贡图》彩绘册页本 （清）傅恒等／编绘
收藏于法国国家图书馆

西藏密尼雅克番人①

密尼雅克番人在打箭炉②口外,居藏地之东,亦多皈依红教。男戴圆顶毡盔,着窄袖绵甲,背负铁板,胫裹行縢,赤足不履,出入必佩利刃弯弓,挟矢以射猎为事。妇女披发后垂,蒙以青帛,缀珠为饰,耳戴大环,系青丝三绺,着三截缘边褐衣,五色花袖,而肩背间交紫青红帛布,亦杂缀以珠石。盖川省苗蛮种类也。

【注释】

① 密尼雅克番人:为打箭炉的木雅人(Minyak)。

② 打箭炉:在今四川省康定市。

【译文】

密尼雅克番人居住在西藏东部的打箭炉关口之外,也多信奉红教。密尼雅克番人男子戴圆顶毡盔,穿窄袖绵甲,背部放有铁板,打绑腿,光脚,佩利刃弓箭,以打猎为生。妇女披发,并后垂,用青帛蒙头,装饰珠宝。她们戴大耳环,耳环系有青丝三绺。她们身穿三截花边粗布衣,彩色花袖,但肩背间交叉有两道青红绸布,上面也缀有珠宝。他们大概是四川苗人的一类。

西藏密尼雅克番人 选自《皇清职贡图》彩绘本 （清）傅恒、董诰等／编 （清）门庆安等／绘 收藏于北京故宫博物院

西藏密尼雅克番妇 选自《皇清职贡图》彩绘本 （清）傅恒、董诰等／编 （清）门庆安等／绘 收藏于北京故宫博物院

鲁康布札番人

鲁康布札部落，在藏地之西南数千里荒野。蠢顽不知佛教，男妇冬衣兽皮，夏衣树叶，时捕诸毒虫以充食，其人亦无赴藏者。

【译文】

鲁康布札部落，居住在西藏西南外数千里的荒野之中。鲁康布札人愚钝，不信佛，男女冬天穿用兽皮做的衣服，夏天穿用树叶做的衣服，有时候会捉毒虫来充饥，他们没有人前往过西藏。

鲁康布札番人 选自《皇清职贡图》彩绘册页本 （清）傅恒等／编绘 收藏于法国国家图书馆

鲁康布札番妇 选自《皇清职贡图》彩绘册页本 （清）傅恒等／编绘 收藏于法国国家图书馆

巴勒布番人

巴勒布[①]为厄讷特可克、痕都斯坦[②]之别部，在后藏之西，至京师将二万里，其地旧有四部落，一名扬布，一名郭卡木，一名伊凌，一名木共，今阔尔喀王始并为一。乾隆五十四年，遣大头人巴拉叭都尔喀哇斯、哈里萨野二人入觐。其俗奉佛教，人以红帛缠头，衣以锦为之，额间涂香，圆径寸许，以致诚敬。有砖城居屋，与内地相似，多稻田、产珊瑚、松石、金银、獭皮等物。人极工巧，多有在藏地贸易匠役者。其从人以紫布缠头，衣褐红白间道，腰束绿带，常手执水烟袋以待其头人。

【注释】

① 巴勒布：即廓尔喀，今尼泊尔中部地区。

② 痕都斯坦：在今印度北部。

【译文】

巴勒布是厄讷特可克、痕都斯坦的分支，寄居在后藏西部，离京城近二万里，以前有扬布、郭卡木、伊凌、木共四个部落，如今被阔尔喀王统一。乾隆五十四年（1789年），阔尔喀王派大头人巴拉叭都尔喀哇斯、哈里萨野两人觐见皇帝。巴勒布人信佛，他们用红绸缠头，穿锦衣，额间用香料涂抹成一个寸大的圆形，以示虔诚。巴勒布有用砖建造城墙和房屋的，与内地类似，那里多稻田，产珊瑚、松石、金银、獭皮等物。巴勒布人手工极为精巧，有很多人在西藏做买卖和当工匠仆役。他们的仆人用紫布缠头，穿红白条纹的粗布衣，绿腰带，常拿水烟袋伺候他的主人。

巴勒布大头人
选自《皇清职贡图》彩绘册页本 （清）傅恒等 编绘
收藏于法国国家图书馆

巴勒布从人
选自《皇清职贡图》彩绘册页本 （清）傅恒等 编绘
收藏于法国国家图书馆

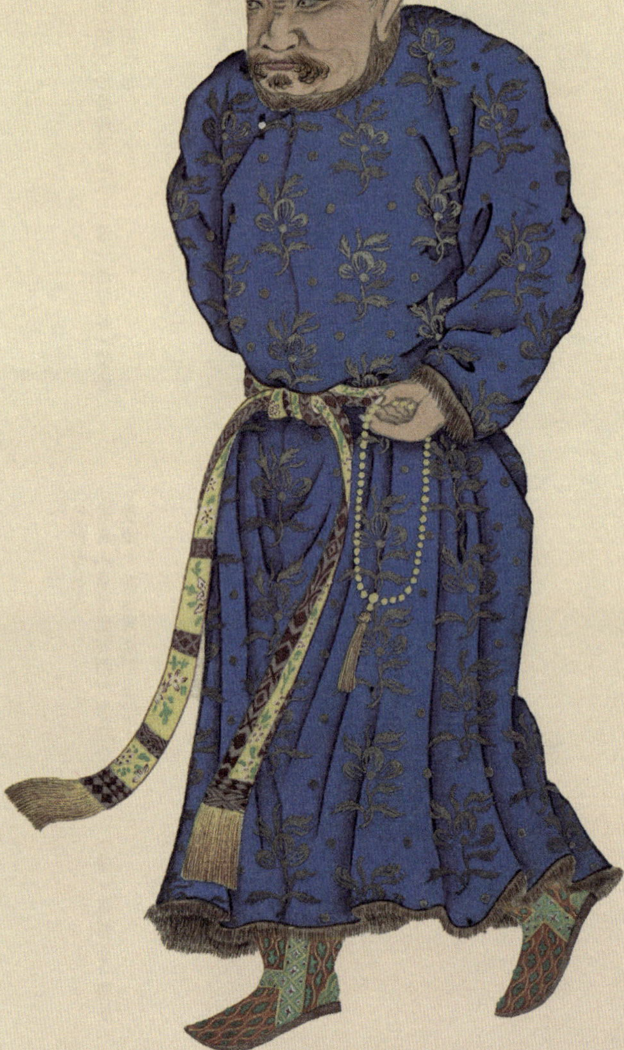

西域卷

伊犁^①等处台吉

　　伊犁，即古屈里地也，旧为厄鲁特部落^②所属，有二十一处。乾隆二十年，我师平定，遂隶版图。其人专事游牧，冬就燠（yù），夏就凉，居无定处。山多积雪，得雨消融，足资灌溉。或招回人耕种，有黍麦谷数种，产瓜与葡萄，而桃李梨杏亦皆有之。其头目谓之台吉^③。戴红缨高顶平边毡帽，左耳饰以珠环，锦衣锦带，腰插小刀，佩碗巾，穿红牛革鞮。其妇辫发双垂，约以红帛缀珠，两耳珠环，衣以锦绣，其冠履俱与台吉同。

【注释】

① 伊犁：位于今新疆维吾尔自治区西部，伊犁河上游。

② 厄鲁特部落：指漠西蒙古准噶（gá）尔部。

③ 台吉：明清时期，朝廷封给满洲、蒙古贵族的尊号。

【译文】

　　伊犁就是古时的屈里地区，以前隶属于蒙古厄鲁特部，有二十一个行政区域。乾隆二十年（1755年），我军平定准噶尔部，伊犁纳入我朝版图。伊犁的蒙古人以游牧为生，冬天就暖处，夏天在凉处，居无定所。那里多雪山，用雪融水灌溉。他们有时招募回人帮忙耕种，种植好几种谷物，主产西瓜和葡萄，也有桃、李、梨、杏等水果。伊犁的首领叫台吉，他头戴着红缨高顶平边毡帽，左耳戴珍珠耳环，穿锦衣，系锦带，腰插小刀，佩碗巾，穿红色牛皮鞋。他的妻子梳两条辫子，辫子装饰红绸和珍珠，戴珍珠耳环，穿锦衣，鞋帽都与台吉相同。

伊犁等处台吉
选自《皇清职贡图》彩绘册页本 （清）傅恒等/编绘
收藏于法国国家图书馆

伊犁等处台吉妇
选自《皇清职贡图》彩绘册页本 （清）傅恒等/编绘
收藏于法国国家图书馆

伊犁等处宰桑[①]

伊犁等处台吉之下各置宰桑，以辖民人部落，职有大小，以所辖之远近为差。男戴红缨高顶卷边皮帽，左耳亦饰珠环，衣长领衣，或以锦绣，或以纻丝氆氇（pǔ lu）。腰插小刀，佩碗巾，穿红牛革鞡。其妇人服饰亦俱与台吉之妇相似，盖亦无甚区别也。

【注释】

① 宰桑：明代蒙古官职，相当于"宰相"。

【译文】

朝廷在伊犁等处的蒙古台吉下设宰桑来管理部落，宰桑职务有大有小，与管辖地的宽广有关。宰桑戴红缨高顶卷边皮帽，左耳戴珍珠耳环，穿长领衣，穿的衣服有锦绣，也有夹丝线毛织品制成的衣物。宰桑腰插小刀，佩碗巾，穿红色牛皮鞋。他妻子的服饰也都与台吉的妻子类似，大致没有太大的区别。

伊犁等处宰桑
选自《皇清职贡图》彩绘册页本　（清）傅恒等／编绘
收藏于法国国家图书馆

伊犁等处宰桑妇
选自《皇清职贡图》彩绘册页本　（清）傅恒等／编绘
收藏于法国国家图书馆

伊犁等处民人

伊犁民人以游牧为事，不事耕凿，咸仰食于回人[①]。男戴黄顶白羊皮帽，左耳饰以铜环，着无面羊皮衣，腰系布带，穿黄黑革鞯。妇辫发双垂，两耳俱贯铜环，其冠服革鞯亦与男子同。

【注释】

① 回人：回部人，清代对新疆地区居民的称呼。

【译文】

居住在伊犁的蒙古百姓以游牧为生，耕种凿井全靠回人。男子戴黄顶白羊皮帽，左耳戴铜耳环，穿双面羊皮衣，腰系布带，穿黄黑色皮鞋。妇女梳双辫，戴铜耳环，穿戴也和男子一样。

伊犁等处民人
选自《皇清职贡图》彩绘册页本 （清）傅恒等／编绘
收藏于法国国家图书馆

伊犁等处民人妇
选自《皇清职贡图》彩绘册页本 （清）傅恒等／编绘
收藏于法国国家图书馆

伊犁塔勒奇、察罕、乌苏等处回人

伊犁贸易回人族姓不一。住伊犁之塔勒奇、察罕、乌苏等处，与诸厄鲁特贸易。又有阿克素、库车、叶尔奇木、喀什噶尔、呼腾等五种回人，各居城堡，以耕牧为生。乾隆二十年平定伊犁，其回人阿迪斯伯克①乌素卜等输诚向化，赴热河朝觐，赐赍遣归。男戴红顶貂帽，着金丝织锦衣，束锦带，穿嵌花革鞮。回妇辫发双垂，约以红帛，缀珠为饰，其冠服则与男子相同，能织番锦，俗称"回子锦"，每锦一端②可易马十余匹或羊数十只。

【注释】

① 伯克：清代回部官职，意为"首领""管理者"。各级伯克官职有三十余种，品级为三品到七品。1884年，新疆改建行省，伯克制度被废止，代之以州县制，只保留级别较高的阿奇木伯克、伊沙噶伯克头衔。

② 端：计布单位，长度相当于二丈。布帛二端相向卷，合为一匹。

【译文】

在伊犁经商的回人，民族和姓氏都不同。他们住在伊犁的塔勒奇、察罕、乌苏等地方，与漠西蒙古各部互通贸易。另外还有阿克素、库车、叶尔奇木、喀什噶尔、呼腾等五种回人，他们住在城堡，以耕田和放牧为生。乾隆二十年（1755年），我军平定伊犁，阿迪斯的伯克乌素卜等部归顺，派使者到承德避暑山庄朝觐皇帝，得赏而归。这些地区的回人男子戴红顶貂帽,穿金丝织锦衣,束锦带,穿嵌花皮鞋。妇女双辫,辫子系着用珍珠装饰的红绸,衣帽与男子一样,她们织的丝绸俗称"回子锦",每端可换马十余匹或羊数十只。

伊犁塔勒奇、察罕、乌苏等处回人
选自《皇清职贡图》彩绘册页本 (清)傅恒等 编绘
收藏于法国国家图书馆

伊犁塔勒奇、察罕、乌苏等处回人妇
选自《皇清职贡图》彩绘册页本 (清)傅恒等 编绘
收藏于法国国家图书馆

哈萨克民人

哈萨克在准噶尔西北,即汉大宛也。有东西二部,自古未通中国。乾隆二十二年,东哈萨克之阿布赖阿布尔班必特、西哈萨克之阿必里斯等先后率众归诚,各遣其子侄赴京瞻仰,并进献马匹,遂隶版图。其俗以游牧为生,亦知耕种。头目等戴红白方顶皮边帽,衣长袖锦衣、丝绦革鞮。妇人辫发双垂,耳贯珠环,锦镶长袖衣,冠履与男子同。其民人男妇则多毡帽褐衣而已。

【译文】

哈萨克在准噶尔的西北边,在汉代为大宛国。大宛国有东西二部,自古与中国不通。乾隆二十二年(1757年),东哈萨克的首领阿布赖阿布尔班必特、西哈萨克的首领阿必里斯等先后率众归顺,派他们的子侄到京城朝见皇帝,并进献马匹,于是纳入我朝版图。他们以游牧为生,也会耕田种地。哈萨克头目等戴红白方顶皮边帽,穿长袖锦衣和缎面皮鞋。头目的妻子双辫,戴珍珠耳环,穿锦镶长袖衣,鞋帽与男子一样。但哈萨克百姓多戴毡帽穿粗布衣。

哈萨克头目
选自《皇清职贡图》彩绘册页本　（清）傅恒等／编绘
收藏于法国国家图书馆

哈萨克头目妇
选自《皇清职贡图》彩绘册页本　（清）傅恒等／编绘
收藏于法国国家图书馆

布噜特民人①

布噜特在准噶尔西南,亦回种也,有左右二部。乾隆二十三年,左布噜特之吗母特库里、右布噜特之哈拉博托等率其部落先后归诚,各遣使进京瞻仰,遂隶版图。其俗以耕牧为生,男戴长顶高沿帽,约以白绦四道,衣长领锦衣,腰系红带,足履红革鞻。妇人辫发双垂,耳贯珠环,衣镶边长袖锦衣,冠履亦同男子。

【注释】

① 布噜特民人:清代对柯尔克孜族人的称呼,意为"高原人"。

【译文】

布噜特位于准噶尔的西南边,也是回人,分左右二部。乾隆二十三年(1758年),左布噜特的首领吗母特库里、右布噜特的首领哈拉博托等率其部落先后归顺朝廷,各自派遣使臣到京城朝见皇帝,于是纳入我朝版图。布噜特人大都以耕田放牧为生,男子戴长顶高檐帽,帽子系有四道白绸,穿长领锦衣,腰间系红带,穿红色皮鞋。妇女编两条辫子,戴珍珠耳环,穿镶边长袖锦衣,鞋帽与男子一样。

布噜特头目
选自《皇清职贡图》彩绘册页本 （清）傅恒等／编绘
收藏于法国国家图书馆

布噜特头目妇
选自《皇清职贡图》彩绘册页本 （清）傅恒等／编绘
收藏于法国国家图书馆

朝贡制度

　　职贡，指中国古代藩属国以及国内少数民族首领向中央王朝皇帝尽职纳贡，以示顺从。通常表现为，藩属国（或少数民族首领）向中央王朝"称臣纳贡"以获得"册封赏赐"。由职贡建立起来的朝贡制度从中国周朝一直延续到清朝，它表明了中国历朝对"万国来朝"的追求。朝贡制度在很大程度上弥补了中华农耕文明环境下对外贸易的缺失。但"厚往薄来"的朝贡一定程度上也给历朝的财政造成了不小的压力。并且，这种制度助长的天朝心态，严重阻碍了中国走向现代文明。随着西方现代文明的崛起，建立起新的全球贸易秩序，朝贡制度自然也就土崩瓦解。职贡图历来都有，而且还是国家面子工程最重要的部分之一。职贡图大多是描绘贡使形象的纪实性图画，不过由于异域遥远，也多有根据文字介绍而想象的成分。下面，让我们一起看看中国历史上流传下来较为知名的职贡图。

《职贡图》（南朝梁）萧绎—原作　此为宋人摹本　收藏于中国国家博物馆

梁元帝萧绎是颇有作为的皇帝，擅长绘画。《历代名画记》记载："梁元帝常画圣僧，武帝亲为作赞。任荆州刺史时，画《蕃客入朝图》，并序外国贡献之事。"《职贡图》原有35国极称善。又画《职贡图》，现存12国使，分别为滑国、波斯、百济、龟兹、倭国、狼牙修、邓至、周古柯、呵跋檀、胡密丹、白题、末国的使者，展现了南朝梁的外交情况。

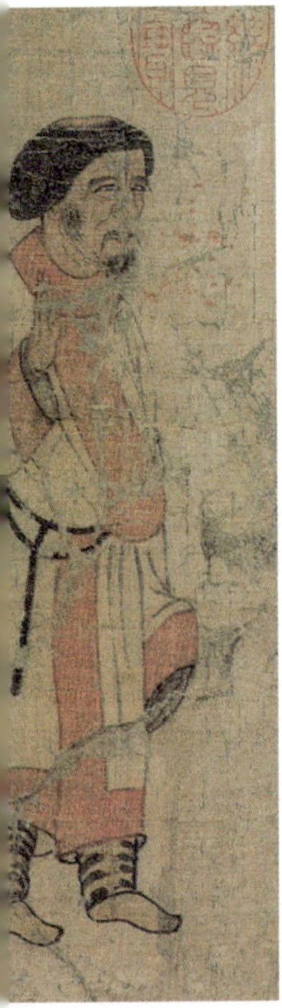
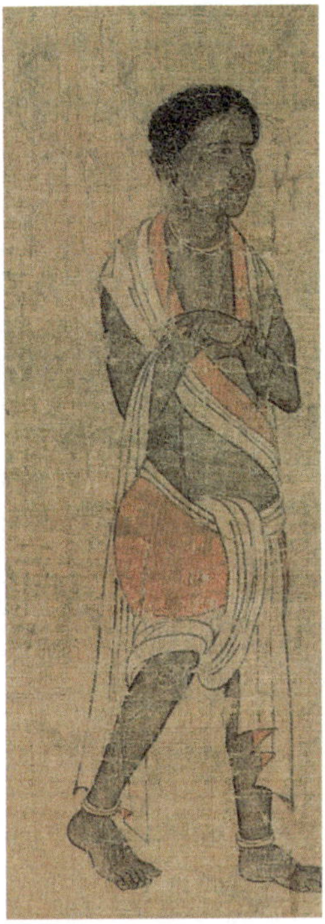
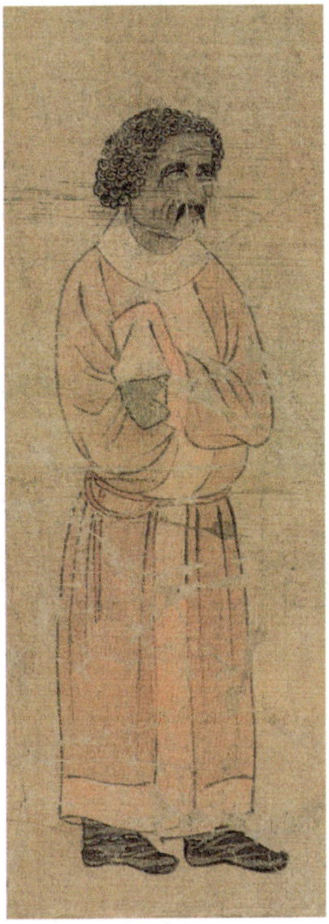
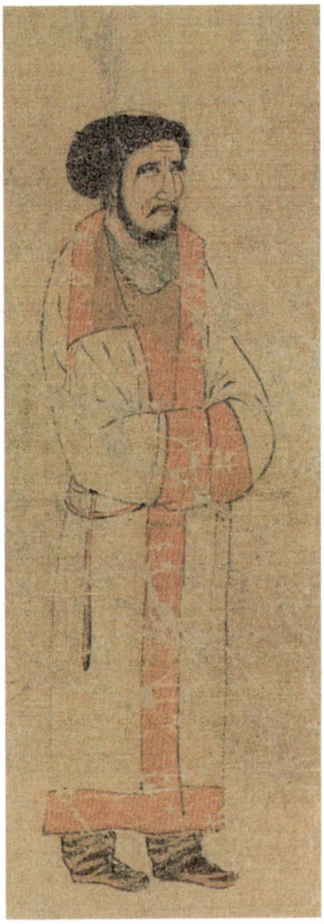
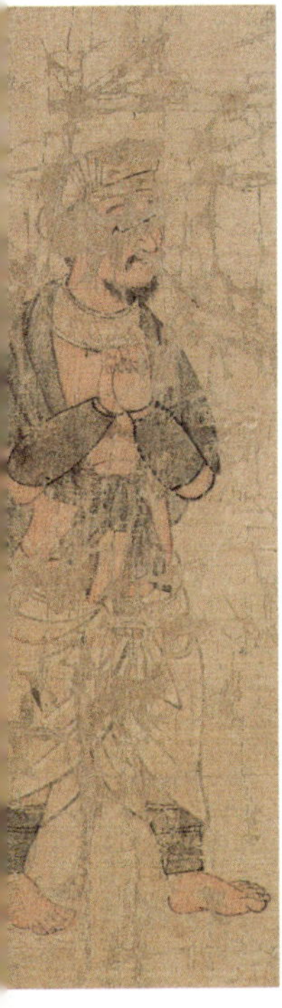
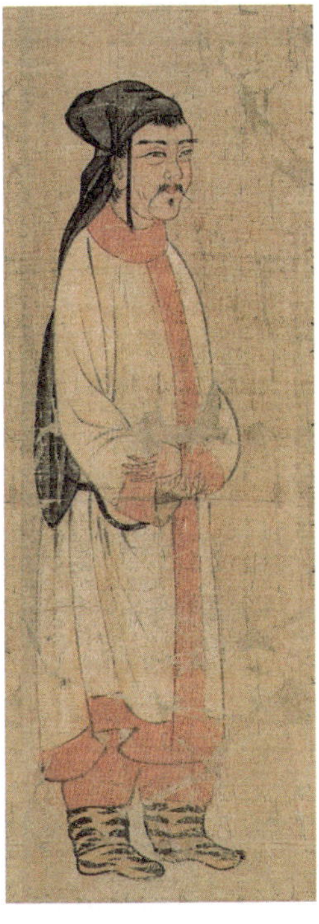
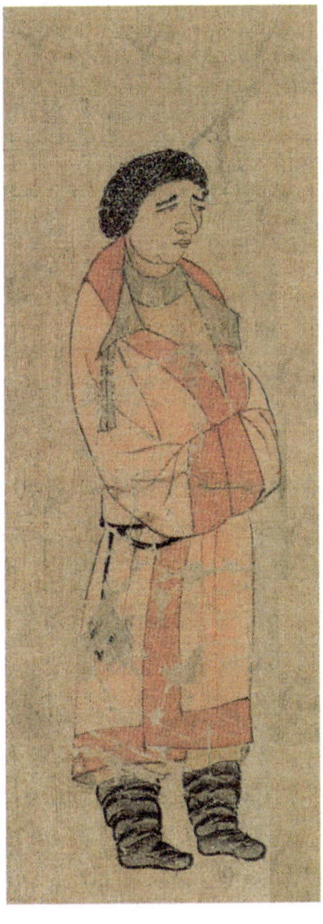
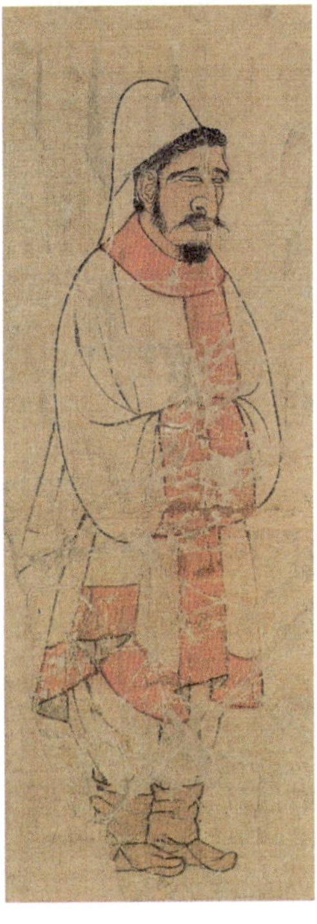

職貢

諸夷

《职贡图》卷
（明）仇英　收藏于北京故宫博物院

此画卷描绘的是明朝边疆民族（藩国）进京朝贡的情景。图中共有九溪十八洞主、汉儿、渤海、契丹国、昆仑国、女王国、三佛齐、吐蕃、安南、西夏国、朝鲜国11支朝贡队伍。

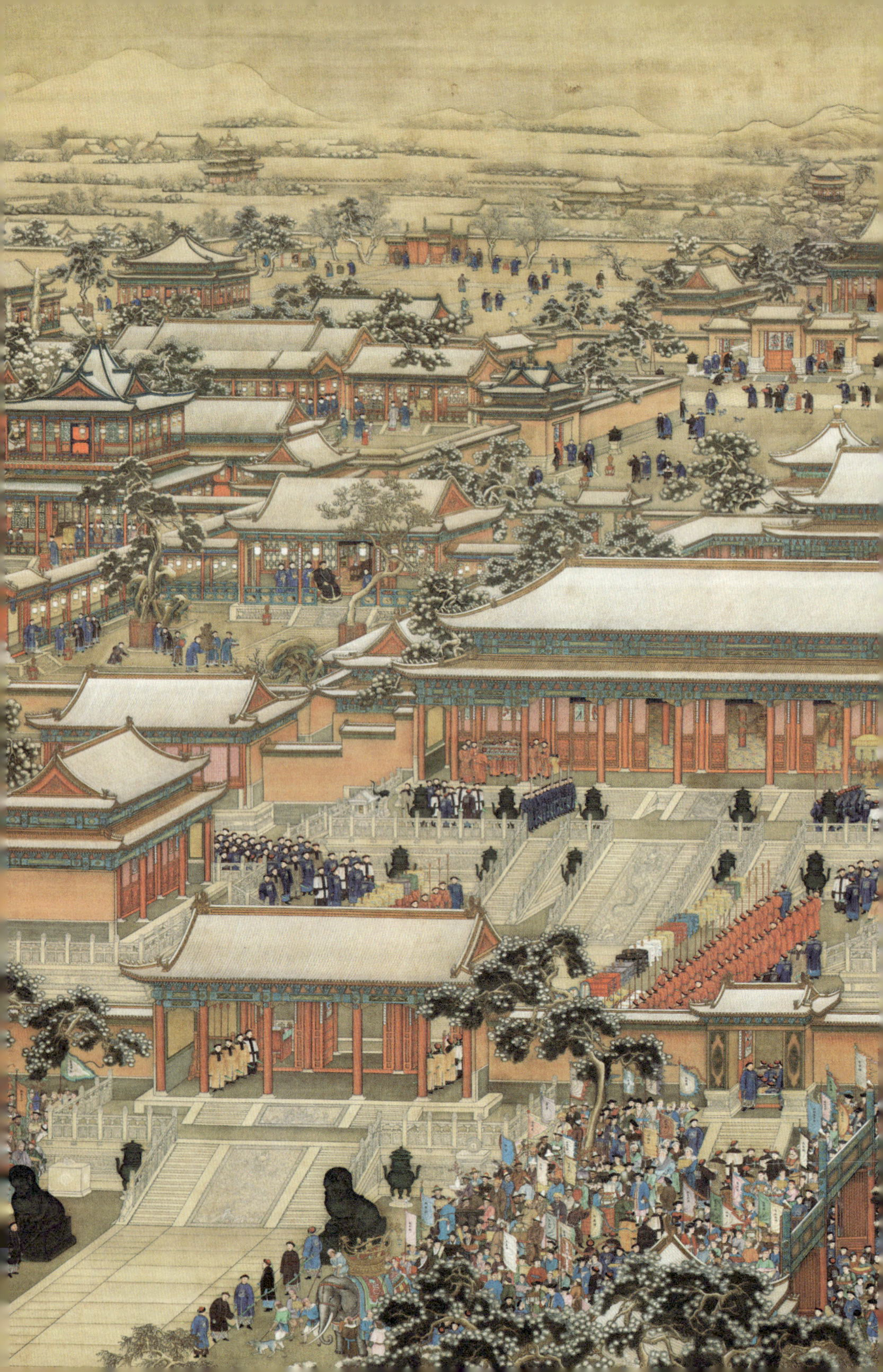

▲《万国来朝图》轴
（清）佚名 收藏于北京故宫博物院

《万国来朝图》描绘的是乾隆二十六年正月初一（1761年2月5日）藩属及外国使臣在太和门外等待觐见乾隆皇帝的情景。值得说明的是，画面中来朝贡的有远西诸国（荷兰、英吉利、法兰西）、周边诸国（日本、朝鲜、安南）及千蛮百夷（台番、百濮、西藏、回部）。细看不难发现，"被画成巨人状的乾隆"、"模样怪异的夷人"都表明了清朝在贬低他国的同时以天朝上国自居的心态。但"万国来朝"只是"天朝"粉饰太平的自吹自擂和一厢情愿。据史料《实录》和《起居注》记载，这年的大年初一只有"御太和殿受朝，作乐宣表如仪"，然后宴请蒙古王公和紫光阁功臣。根本没有来自西洋的各国夷人，甚至连57个外藩属国和31个朝贡国也没有，因为这一年原本就不是各藩属国的朝贡年，朝鲜和南掌国的贡使也在前一年刚朝贡过。所以《万国来朝》本质上与官廷升平署"万国来朝"大戏一样，都是天朝统治者自我麻痹的美梦。而这个美梦在半个多世纪以后，将被当时开始工业革命的英国用坚船利炮戳破。